GOTT –
Zum Ursprung von El im mittelbronzezeitlichen Serabit el Chadim und einer Bergarbeitermythologie *in nuce*

Hans-Bonnet-Studien zur Ägyptischen Religion (HaBoS)

Band 1

Hans-Bonnet-Studien zur Ägyptischen Religion (HaBoS) werden herausgegeben von Ludwig D. Morenz

Ludwig D. Morenz

GOTT –
Zum Ursprung von El im mittelbronzezeitlichen Serabit el Chadim und einer Bergarbeitermythologie *in nuce*

EBVERLAG

Bibliografische Information der Deutschen Nationalbibliothek
Die Deutsche Nationalbibliothek verzeichnet diese Publikation in der Deutschen Nationalbibliografie; detaillierte bibliografische Daten sind im Internet über http://dnb.d-nb.de abrufbar.

Umschlagmotiv: Mineninschrift S 381; hier Fig. 14

Umschlag | Layout: Rainer Kuhl

ISBN: 978-3-86893-428-1

Internet: www.ebverlag.de
E-Mail: post@ebverlag.de

Printed in Germany

Sie (die Frevler, LM) sprechen: „Wie sollte El wissen?
Gibt es ein Wissen bei Eljon?“
Psalm 73, 11

Zur Erinnerung an Elke Blumenthal

Inhaltsverzeichnis

Vorwort 11

Einleitung 15

I.) *El* versus *el*; konkrete Gottesperson versus allgemeiner Gottesbegriff 22

II.) El in den früh-alefbetischen Inschriften aus Serabit el Chadim ... 40

Exkurs 1: Zur Formvarianz des Buchstabens Luwy in den Inschriften aus Serabit 46

Exkurs 2: Ligaturen und Haplographien als visuell-poetische Mittel in der frühen Alef-Bet-Schrift 48

III.) Els Spuren im Alef-Bet 81

Ausblick und Anschlußfragen 83

Index 89

Bibliographie 90

Vorwort

Die frühe Alef-Bet-Schrift (/Alphabetschrift) aus dem Zweiten Jahrtausend v. Chr. erscheint als ein unerschöpfliches Forschungsthema, obwohl unser Corpus trotz einiger Zuwächse wie der Mineninschrift S 381 (Fig. 14) in den letzten Jahren immer noch ausgesprochen klein ist[1]. Im Folgenden werden zudem auch verstärkt Bilder in den Blick genommen, und wir können sogar einen Kultort für den Gott El in der Mine M erschließen ganz wie El in der Inschrift S 350 als „im Inneren der Mine" bezeichnet wird. Die Entwicklungsdynamik im mittelbronzezeitlichen SW-Sinai wirkte in beiden eng miteinander verwobenen visuellen Medien, und jeweils stand die Darstellung der Götter Ba^{c}alat und El im Interessezentrum. Hier soll unser Verständnis des Gottes El ausgelotet werden, der als ein personal gedachter Gott vielleicht sogar in Serabit el Chadim (und hier als kanaanäisches Pendant des ägyptischen Ptah) seinen Ausgang nahm.

Mein Dank geht in einem besonderen Maße (wieder einmal) an David Sabel, ohne dessen epigraphische Dokumentation einschließlich diverser Diskussionen vor Ort im Sinai, in den verschiedenen Museen vom nahen Brüssel bis zum fernen Cambridge/Mass. (2017, noch „Harvard Semitic Museum", inzwischen umbenannt zu „Harvard Museum of the Ancient Near East") und immer wieder in Bonn die Basis dieser Überlegungen viel dünner und in so wichtigen konkreten Details schwächer ausgefallen wäre. So wäre etwa die kanaanäische PTAH-Glyphe (Fig. 11 und 12) unerkannt geblieben und entlang der älteren Forschungsmeinung wohl für einen mißratenen *He*-Mann gehalten worden, aber auch die Verbesserungen etwa der für die kanaanäisch-ägyptische Göttergleichung so interessanten El-PTAH-Stele (S 351, Fig. 10a) sind buchstäblich substantiell,

1 Vermutlich ist das nicht allein dem Überlieferungszufall geschuldet, sondern wir können annehmen, daß die frühe Alef-Bet-Schrift in Serabit el Chadim mit einem kleinen Nutzerkreis verbunden war.

und sie betreffen El. Diese neue epigraphische Basis erlaubt ein Bauen auch weiter hinauf in die spekulativen Höhen religionsgeschichtlicher Fragen.

Weiterhin bereicherten mich Diskussionen zu Fragen von interkulturellen Göttergleichungen und Kulturkontakten mit meinem alttestamentlichen Bonner Kollegen Jan Dietrich. Ihm, Yannick Wiechmann und Stefan Wimmer als Lesern erster bzw. vorletzter Fassungen danke ich für Hinweise und Gespräche sehr. Unter den verschiedenen Gesprächspartnern danke ich besonders John Baines, Beryl Büma, Roland Enmarch, Martin Fitzenreiter und Udo Rüterswörden für Anregungen. Für diverse Hilfen bei der Arbeit mit den Objekten danke ich stellvertretend Sabah Abdelraziq (Kairo), Neil Spencer (London, BM), Luc Delvaux (Brüssel, Musées Royaux d'Art et d'Histoire), Adam Aja und Peter Der Manuelian (Cambridge/Mass., HMANE). Ein besonderer Dank geht an Scheich Rabia Barakat, unseren Gastgeber in Serabit el Chadim, der mich bereits bei einem ersten Besuch im Frühjahr 1995 zu den Türkisminen L und M mit den alefbetischen Inschriften S 357 (Fig. 20) und S 358 (hier Fig. 5 und 22-26) und dem (damals noch nicht erkannten) Kultort für El (konkret erschließbar durch die Inschrift S 357, Fig. 20) führte. Herzlich danke ich meinem Kollegen und Freund Amr El Hawary, mit dem ich 2010 unser Bonner Serabit-Projekt startete, für sein Engagement und unsere verschiedenen Gespräche über Gott (auch El…) und die Welt (auch die Kanaanäer und selbstverständlich auch Serabit el Chadim…). Neue Erkenntnisse zum Kultort des El in der Mine und der Ritualinschrift S 358 sind der epigraphischen Kampagne vom 24.11. - 6.12. 2022 geschuldet. Meinen beiden MitstreiterInnen Sherouk Shehada und David Sabel danke ich für eine produktive Zeit in der Bergwüste und dem BCDSS für die Finanzierung unserer Kampagne.

Die Inschriften und Textpassagen werden hier nicht nur in Umschrift, sondern auch in dem von David Sabel entworfenen *Baᶜalat*-Schriftsatz (kostenfrei downzuloaden unter https://www.iak.uni-bonn.de/de/abteilungen/aegyptologie/aegyptologie/veranstaltungen, Aktuelles, Alphabet-Font) wiedergegeben.

Hans Bonnet hat mit seinem *Reallexikon der ägyptischen Religionsgeschichte* (1952) ein ägyptologisches Meisterwerk der Religionsgeschichtsschreibung geschaffen und sich auch speziell mit Fragen des „Synkretismus" beschäftigt. Während sein Aufsatz „Zum Verständnis des Synkretismus" (1939) innerägyptische Götter-„Einwohnungen" untersuchte[2], steht zu erwarten, daß ihn auch die von Kanaanäern in Bezug auf die ägyptische Religion unternommenen interkulturellen mittelbronzezeitlichen Göttergleichungen Hathor-Ba^{c}alat und Ptah-El[3] interessiert hätten, zumal er sich selbst auch mit den (weit über ein Jahrtausend jüngeren) griechisch-ägyptischen Göttergleichungen wie etwa Zeus-Amun auseinandersetzte[4]. Göttergleichungen sind ein Phänomen starker interkultureller Kontakte und entsprechend oft einer hohen kulturpoetischen Dynamik.

Elke Blumenthals, meiner verehrten Lehrerin, Tod im April 2022 hat mich erschüttert, und der Erinnerung an sie mit ihrem hohen Interesse gerade an Gottes-Fragen seien diese Überlegungen gewidmet.

---

2 Zu Aspekten der sprachlichen Gewichtung in der Götter-„Gleichung": W. Schenkel, Amun-Re, 1974.

3 Zu den komplexen Phänomenen der interkulturellen Göttergleichungen: J. Assmann, Translating Gods: Religion as a factor of cultural (un)translatability, 1996. Die ägyptische Hathor (bzw. auch Nut, zur spezifischen Betonung des Aspektes als Himmelsgöttin) wurde schon während des Alten Reichs mit der byblitischen Ba^{c}alat gleichgesetzt, L. Morenz, Schriftentwicklung, 2012, 193f.; A.D. Espinel, The Role of the Temple of Ba'alat Gebal, 2002. Hinzu kommt die schon frühdynastisch belegte Äquivalenz von Seth mit dem mutmaßlich berberischen Gott Asch, L. Morenz, Ver-Lautungen, 2021, 74f.

4 A. Schwab, Fremde Religionen in Herodots „Historien", 2020.

Einleitung

Die altkanaanäischen bzw. bildhaft-kanaanäischen oder einfach früh-alefbetischen Inschriften aus Serabit el Chadim im SW-Sinai (sog. Proto-Sinaitisch)[5] sind als Zeugnisse des Beginns der Alphabetschrift bzw. genauer zunächst der Alef-Bet-Schrift um 1900 v. Chr.[6] von einer medien-archäologisch und schriftgeschichtlich herausragenden Bedeutung als Beginn einer bis in unsere Gegenwart hinein folgenreichen Tradition. In der Forschung wurden sie entsprechend mit Blick darauf diskutiert[7]. Tatsächlich handelte es sich zunächst um eine konkret lokale Sonder-entwicklung der ägyptischen Hieroglyphenschrift in der sozio-kulturellen Peripherie, die dann mit Kulturtransfers in der Spätbronzezeit und der Eisenzeit allmählich Fahrt aufnahm bis sie noch heute die ganze Welt buchstäblich erfüllt. Die früh-alefbetischen Inschriften tragen aber auch eine kultur- und speziell religionsgeschichtlich starke Signifikanz, die allerdings bisher noch ziemlich unterbelichtet blieb[8]. Inzwischen kennen

5 Zur Begriffskritik des alten Albrightschen Notbegriffes (W.F. Albright, Notes on Early Hebrew and Aramaic Inscriptions, 1926) und den Folgerungen daraus: L. Morenz, Sinai, 2019, 83f., These 1.

6 Der Beginn etwa zur Zeit von König Amen-em-het III. aus der XII. Dynastie kann in einer Kombination aus sozial- und kulturgeschichtlichen, archäologischen und epigraphischen Beobachtungen zumindest plausibiliert werden; konkret zur Datierung der Sphinx (S 345; hier Fig. 7a) und deren alefbetischer Inschrift sowie der Inschrift S 350 aufgrund der kanaanäischen Pseudo-Hieroglyphe HATHOR und ihrer mutmaßlichen ägyptischen Vorbildform: L. Morenz, Sinai, 2019, 198f.

7 Im Anschluß an A.H. Gardiners bahnbrechenden Entzifferungsansatz (The Egyptian Origin, 1916) etwa: K. Sethe, Der Ursprung des Alphabets, 1926; W.F. Albright, The Protosinaitic Inscriptions, 1969; A.F. Rainey, Notes on some Proto-Sinaitic Inscriptions, 1975; B. Sass, The Genesis, 1988; G. Hamilton, The Origins, 2006; P. Vernus, Ecriture hieroglyphique, 2015; O. Goldwasser, From the Iconic to the Linear, 2016; zuletzt dies., The Early Alphabetic Inscriptions, 2022.

8 Hinzu kommt, daß solche Deutungsansätze wohl insbesondere durch die Arbeiten von H. Grimme, Die altsinaitischen Buchstabeninschriften, 1929; ders., Altsinaitische Forschungen, 1937 (zur Kritik etwa W.F. Albright, Rezension von Altsinaitische Forschungen, 1937-38) als diskreditiert galten. Alle epigraphische Arbeit scheint mir aber eng mit Bemühungen um Übersetzung und Interpretation verwoben zu sein, zumal all diese Aspekte einander wechselseitig beeinflussen.

und verstehen wir die Schrift und ihren sozio-kulturellen Horizont m. E. aber gut genug, um uns auch auf philologischer und hermeneutischer Ebene an konkrete Lesungen und darüber hinausgehende Interpretationen[9] zu wagen. Dieser unabgeschlossene Prozeß erscheint, selbstverständlich, seinerseits positiv mit unserem Verständnis der Schrift und der Schreibpraxis rückgekoppelt. Hier spielt auch die hohe Abweichungstoleranz in der konkreten Gestaltung der jeweiligen Buchstabenformen eine wichtige Rolle, und für die jeweilige einzelne Buchstabenbestimmung kann der Kontext entsprechend wichtig sein[10].

Hinzu kommen unter den mittelbronzezeitlichen Quellen aus dem SW-Sinai weiterhin anepigraphische Darstellungen von sakraler Bedeutung. Dazu gehört das bis auf Weiteres rätselhaft bleibende Bild des KOPFLOSEN an der Felswand in Rod el Air, dem Anweg auf das Hochplateau von Serabit el Chadim (Fig. 1), und zwar dem großen Inschriftentableau an dem Nadelöhr und mutmaßlichen Rastplatz dieses Weges[11]. Hier finden sich vor allem ägyptische Inschriften und Bilder[12], aber auch kanaanäische Darstellungen, Marker und Inschriften.

---

9 In diese Richtung ging besonders W.F. Albright, The Protosinaitic Inscriptions, 1969; dezidiert davon ab sah dann B. Sass, The Genesis, 1988. Die Forschung ist natürlich seitdem weiter vorangekommen, und verschiedene Lesungen Albrights werden schon aus epigraphischen Gründen nicht mehr aufrecht erhalten. Hier hat besonders B. Sass, The Genesis, 1988, kritische Klarheit gebracht, die aber nicht im Verzicht enden muß.

10 Fallstudie für das Alef: D. Sabel, Das Alef, 2019; vgl. hier im Blick auf El ergänzend auch zum Luwy (/Lamed) Exkurs 2.

11 Die kultur-landschaftliche Bedeutung wurde herausgearbeitet in der unpubl. Masterarbeit von D. Sabel, Wüstenschiffe, 2016; zusammengefaßt in L. Morenz, Sinai, 2019, 54f. mit Fig. 12.

12 P. Tallet, La Zone, 2013, Fig. 5-3; L. Morenz, Sinai, 2019, 160, Fig. 84.

Fig. 1) KOPFLOSER, Relief an der Felswand des Rastplatzes von Rod el Air

In dieser Bildkomposition können wir neben dem Motiv KOPFLOSER auch noch einen Bezug zu Tieren beachten[13]. In diesem mutmaßlich nicht-ägyptischen und vermutlich kanaanäischen Kontext des Zweiten Jahrtausends v. Chr. scheint eine besondere mythologische Vorstellung auf, die wir allerdings bisher noch nicht genauer fassen können und jedenfalls kaum einfach an die bekannteren ägyptischen, antiken und spätantiken *Akephalos*-Darstellungen[14] und gewiß nicht an die frühen ägyptischen und protoägyptischen Belege der Feinde mit abgeschlagenem Kopf anschließen sollten. Wir könnten an das Bild eines Gottes, und vielleicht sogar Els denken, doch bleibt das bis auf Weiteres völlig spekulativ. Noch fehlt uns ein verläßlicher Schlüssel für die Deutung.

Im Folgenden geht es konkret und spezifisch um den Gott EL, wobei hier neben den Inschriften auch die Bilder eine hohe Aussagekraft haben (etwa die Felsstele S 351, unten Fig. 10a). Die uns verfügbaren Quellen stammen aus dem Tempelkomplex, dem Bereich der Kupferminen (insbesondere dem Minenkomplex L und M) und den Felsinschriften am Gebel Lihyan und dem Nadelöhr/Rastplatz von Rod el Air (Karte 1), also

13 Das Motiv *Herr der Tiere* ist für diese Darstellung kaum zu erwarten, U. Neumann-Gorsolke, Wer ist der Herr der Tiere?, 2012.

14 Überblick bei P. Derchain, Akephalos, 1975.

einem Umkreis von wenigen Kilometern. Es handelt sich hier um eine in der Mittelbronzezeit sozio-ökonomisch geschlossene, aber keineswegs abgeschlossene, sondern zugleich kulturell hybride Region, die mit ägyptischer Perspektive als *Sakrotop der Hathor* beschrieben werden kann[15] und „kanaanäisch" betrachtet als Sakrallandschaft mit dem Götterpaar El und Ba^{c}alat.

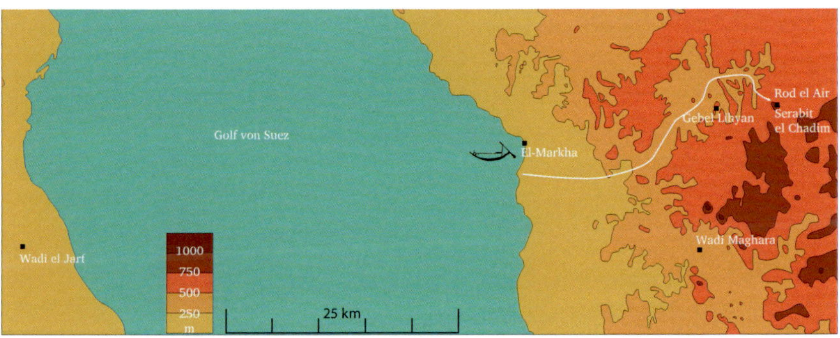

Karte 1) Umkreis von Serabit el Chadim, Karte von D. Sabel

Basis der folgenden Überlegungen ist die neue archäologische und epigraphische Aufbereitung der frühen alefbetischen Inschriften und Bilder aus dem SW-Sinai in L. Morenz, Sinai und Alphabetschrift (2019). Weitere und bereits stärker hermeneutisch ausgerichtete Interpretationsschritte bieten dann die anschließenden Bände L. Morenz, Medienarchäologische Sondagen (2021) und Kultur-Poetik in der Mittelbronzezeit (2022). In der Hoffnung „to fail better" sind dies meine eingangs offenzulegenden eigenen Voraussetzungen, auf denen die folgenden Überlegungen aufbauen. Während diese Arbeiten medien- und schriftgeschichtlich orientiert waren, geht es im Folgenden, wie bereits in dem Ansatz in L. Morenz, Ein Trigger (2019), um materialkonkrete Fragen einer religionsgeschichtlichen Hermeneutik, und zwar insbesondere die beiden ägyp-

15 L. Morenz, Das Hochplateau, 2014.

tisch-kanaanäischen Göttergleichungen *Hathor = Ba^c^alat* und *Ptah = El*. Die Göttergleichung *Ptah = El* dürfte sekundär und in Analogie zu der Gleichsetzung von Ba^c^alat mit Hathor erfolgt sein, weil Ptah im Zweiten Jahrtausend v. Chr. der nach Hathor zweitwichtigste und zweitprominenteste ägyptische Gott auf dem Hochplateau von Serabit el Chadim war. Eben deshalb mochten die Kanaanäer in ihrem kulturellen Außenblick die beiden ägyptischen Götter Hathor und Ptah sogar konkreter als ein Götterpaar verstanden haben, auch wenn dies „nur" ihre eigenständige Uminterpretation war. Mit solcherart Bedeutungsverschiebungen von Vorgefundenem ist im Rahmen des Kulturkontaktes zumindest als Möglichkeit immer zu rechnen[16]. Ägyptischer Hauptgrund für die Prominenz des Ptah in Serabit dürfte gewesen sein, daß er als der Hauptgott für die Residenz Memphis als Ausgangs- und Zielort der ägyptischen Expeditionen – ausgedrückt etwa in dem Relief S 124 mit der theologische Grundkonstellation von Serabit el Chadim, unten Fig. 42 – fungierte, und dazu dürfte auch noch seine Rollenfunktion als Handwerkergott gekommen sein[17].

Diese gedanklichen Linien werden im Folgenden weiter zu denken versucht, bis hin zu der Möglichkeit, daß „El" spezifisch in Serabit el Chadim als eine konkrete Götter-Person entwickelt worden sein könnte, um an diesem Ort in einem produktiven Kulturzusammentreffen[18] ein

---

16 Vgl. hier auch die Ausgangsüberlegungen.

17 Zwar nehmen die ägyptischen Inschriften des Mittleren Reichs darauf nicht konkreter Bezug, doch kann dies einen Vorstellungshintergrund geboten haben. Religionsgeschichtlich könnte überlegt werden, ob der Handwerkeraspekt des Ptah durch die Verbindung mit der Minenarbeit in Serabit seit der XII. Dynastie sogar gesteigert wurde. Noch wissen wir wenig über die Zirkulation solcherart kultureller Energien zwischen dem SW-Sinai und dem Niltal.

18 Weit vor S. Huntington's tatsächlich ja sehr konkret auf unsere Moderne bezogenen *Clash of Civilisations,* 1996, zeichnete neben verschiedenen anderen auch K. Popper eine positive Sicht auf den Zusammenstoß von Kulturen, Über den Zusammenprall von Kulturen, 1987. Ganz generell darf zumindest von der Möglichkeit hoher kultureller Produktivität von Kulturkontakten ausgegangen werden, wie sie sich in verschiedensten Kulturbegegnungen immer wieder gezeigt hat.

kulturell eigenwertiges, kanaanäisches Pendant zu dem ägyptischen Gott Ptah zu erschaffen.

Einen konkreten Auslöser zu dieser Niederschrift bildete eine mündliche Nachfrage von Thomas Staubli (vielen Dank dafür!!), ob „El" in den früh-alefbetischen Inschriften aus Serabit el Chadim nicht einfach und allgemein nur „Gott" bedeute. Tatsächlich steht die El-Frage jedenfalls für Serabit el Chadim im Spannungsfeld von allgemeiner Gottesbezeichnung (*el*) und konkretem Gottesnamen (*El*). Schreibungen des Gottesnamens EL kennen wir aus Serabit el Chadim immerhin aus einem guten Dutzend früh-alefbetischen Belegen und dazu kommen noch eine kanaanäische Pseudo-Glyphe (S 350), verschiedene Epitheta wie *mꜣhb bꜥlt* – „Geliebter der Baᶜalat" –, *ꜣb* – „Vater" –, *mlk* – „König" – oder auch *mṯ* – „Herr" – und bildliche Darstellungen (insbesondere El-Ptah auf der Felsstele S 351, Fig. 10).

Schriftgeschichtlich betrachtet war die frühe „Alphabetschrift" in Serabit el Chadim bemerkenswert stark „hieroglyphisch" geprägt, eine Art zwar auf die kalte medientechnische Funktion phonographischer Notation hin radikal abgespeckte Hieroglyphenschrift, in der die einzelnen Buchstaben aber doch „noch" symbolisch motiviert waren, so sehr sie dann in den konkreten Inschriften auch bereits rein phonographisch gebraucht wurden[19]. Hinzu kamen zur konzeptionell in ihrem Ursprung stärker „hieroglyphisch" geprägten Alef-Bet-Schrift schriftphilosophisch betrachtet *heiße* „hieroglyphische" Bild-Schrift-Spiele[20], die das hohe ikonische Potential dieses Schriftgebrauchs und den Bedarf nach einer poetischen Sinnsteigerung der sinnreduziert phonographischen Notation zeigen. Mit der Übernahme dieser Schrift in die Levante traten diese lokalspezifisch geprägten symbolischen Assoziationen insbesondere um die Göt-

19 Herausgearbeitet in L. Morenz, Medienarchäologische Sondagen, 2021, und ders., Kultur-Poetik in der Mittelbronzezeit, 2022; vgl. weiterhin hier Kap. III.

20 L. Morenz, Medienarchäologische Sondagen, 2021, und ders., Kultur-Poetik in der Mittelbronzezeit, 2022; ders., Carmina figurata., i.V.

tin Ba^{c}alat(-Hathor), den Gott El(-Ptah) und den sinaitischen *He*-Stamm dann stark in den Hintergrund, und dies bewirkte eine dezidiertere phonographische Entzauberung der Zeichen hin zu einer stärkeren Traditionsneutralität[21]. Um die mediale Besonderheit dieser frühen Schrift herauszustellen, spreche ich im Folgenden im gewollten Unterschied zu „Alphabetschrift" spezifischer von Alef-Bet-Schrift (mit dem zugehörigen Adjektiv *alefbetschriftlich*), die zum einen in rückblickender Perspektive eine radikale Vereinfachung der Hieroglyphenschrift darstellt (phonozentrische Reduktion allein auf die phonologisch relevanten Konsonanten, zudem rein phonographischer Gebrauch auch der ikonisch motivierten Buchstaben in den alefbetischen Inschriften) und zum anderen nach vorwärts geblickt den Beginn tatsächlich aller Alphabetschriften verkörpert[22]. Zugleich war sie aber hinsichtlich Figurativität und Ikonizität der Zeichen gerade am Anfang trotz ihrer buchstäblichen Einfachheit bemerkenswert „hieroglyphisch" und stark mit Sinn und Bedeutung gesättigt, also eine *evolution of simplicity* verbunden mit *conspicious communication.*

---

21 L. Morenz, Medienarchäologische Sondagen, 2021, 93-97.

22 L. Morenz, Evolution of Simplicity and Conspicious Communication, i.V.

I.) *El* versus *el*; konkrete Gottesperson versus allgemeiner Gottesbegriff

El (auch im singularisch gebrauchten Plural *elim / elohim* oder auch in der [vielleicht wortspielerischen: Alef + Lamed, Ayin + Lamed?[23]] Form *el eljon*, etwa Gen. 14,18) ist ein aus der Hebräischen Bibel, den aramäischen Achikar-Sprüchen[24] oder auch den Bileams-Texten aus dem heute jordanischen Tell Deir Alla (KAI 312,2; TUAT I, 138-148) samt ihren Parallelen in der Hebräischen Bibel[25] seit der zweiten Hälfte des Zweiten Jahrtausends gut bekannter – und trotzdem mytho-logisch konzeptionell wenig genau bestimmter, strukturell offener (weil?) ferner – Gott[26], der etymologisch z.B. mit dem arabischen Allah (Artikel *al* + Gottesbezeichnung *ʾilāh*) verwandt ist[27]. Dabei ist „El" nicht nur ein mehr oder weniger persönlich gedachter Gott, sondern bezeichnet auch das Genericum/den Generalbegriff. Meint aber El, sei es in Ugarit, Hebräischer Bibel, Byblos oder auch in Serabit el Chadim unbedingt den genau gleichen El? Jedenfalls kaum völlig, und es fragt sich grundsätzlich, ob es DEN levantinischen El – und analog dazu DEN Baᶜal (Gottes-Person und zugleich

23 Der Grad von wortspielerischer Dimension ist m. E. nur schwer zu beurteilen, doch kann zumindest mit der Möglichkeit gerechnet werden. Für Wortspiele genügten ja mitunter schwächere lautliche Anklänge, S. Morenz, Wortspiele, 1957.

24 H. Niehr, Aramäischer Aḥiqar, 2007.

25 Dieser faszinierende Text wurde vielfach in der Forschung diskutiert, etwa: H. und M. Weippert, Die „Bileam"-Inschrift, 1982; J.A. Hacket, The Balaam Text, 1984; E. Blum, Die Kombination I der Wandinschrift, 2008.

26 I. Kottsieper, El, 2013. Diese konzeptionelle Unbestimmtheit Els könnte als in einem gewissen Sinn familienähnlich zu der negativen Theologie gesehen werden.

27 Durchaus bemerkenswert scheint das *h*, was in לא und akkadisch *ilum*, ugaritisch *il*, sabäisch ʾl nicht steht, dafür aber neben dem Arabischen in הולא und מיהלא oder aramäisch אהלא bzw. syrisch ܐܠܗܐ. Trotzdem gehe ich mit der allgemeinen Forschungsmeinung und im Blick etwa auf hebr. *el* versus *elohim* von einer gemeinsamen Wurzel aus. Das *h* könnte einfach „funktionslos" gewesen sein oder irgendwie verstärkend gewirkt haben. Eine genaue Funktion ist in den Grammatiken jedenfalls nicht bekannt, vielleicht intrusiv nach Art der *matres lectionis*?

Generalbegriff „Herr") und partiell auch DEN JHWH[28] – überhaupt gibt bzw. jemals gab. Gerade weil El – und analog auch Ba^cal – ein geradezu auffällig nichtssagend-vielsagend wirkender Gottesname ist, könnte er für durchaus in den verschiedenen sozio-kulturellen Vorstellungsräumen Verschiedenes stehen[29], wobei wir die konkreten Abweichungen auch wegen des Überlieferungszufalls kaum genauer fassen und bestimmen können. Trotz einer möglichen gewissen Differenz zeigen sich in den vorderorientalischen Quellen aus der Mittel- und Spätbronzezeit sowie der Eisenzeit aber bemerkenswerte Schnittmengen in den El-Vorstellungen, und insofern besteht ein größerer gemeinsamer Nenner – also bei aller Varianz doch im Grunde nur *ein* EL?

Gottesbegriff und -vorstellung mögen zwar vielleicht (sehr) alt sein und jedenfalls zunächst durchaus länger in mündlicher Tradition geschwebt haben, doch setzen die inschriftlichen Belege sehr konzentriert im 19. Jh. v. Chr ein, und zwar in der landschaftlich so eindrücklichen Berg-Wüste des SW-Sinai[30]. Die frühesten bekannten Belege stammen von dem Hochplateau von Serabit el Chadim im SW-Sinai, dem einen

[28] Auf dem früheisenzeitlichen Pithos von Kuntillet Ajrud ist der JHWH von Samaria und der JHWH von Taiman genannt (Z. Meshel, Kuntillet Ajrud, 2012, A. Lemaire, The Kuntillet Ajrud Inscriptions, 2016, C. Uehlinger, Learning by Doing, 2016; das Objekt wird (oder wurde) im Magazin des Ägyptischen Antikenministeriums von Qantara aufbewahrt), und der dort in der Ikonographie vom solaren Bes-Supergott dargestellt ist, L. Morenz, Monotheistische Bildscheu versus Darstellungen von JHWH, 2022, 80-82; zu dem solaren Bes: L. Morenz, Performative Superglyphen, 2019, 75-77. Die frühesten mutmaßlichen inschriftlichen Belege für JHWH stammen aus der Zeit von Pharao Amen-hotep III. (XVIII. Dynastie), sind aber sehr unspezifisch, R. Giveon, Les Bedouins des Shasu, 1971; M. Leuenberger, YHWH's Provenance from the South, 2017. Zur Verbindung von El und JHWH: K. Koch, Der Gott Israels und die Götter des Orients, 2006, 13-18.

[29] Diese auch methodisch interessante Frage wird in der Forschung (etwa I. Kottsieper, El, 2013) anscheinend weniger diskutiert.

[30] Tatsächlich wurde in den spätbronzezeitlichen Texten aus Ugarit Els Wohnort „inmitten des Gebirges" (KTU 1.1 III 11 [TUAT III/6, 1108] lokalisiert (M. Dietrich, O. Loretz, Die Wohnorte Els nach Ugarit- und Bibelstellen, 1997), was natürlich (auch) gut zu Serabit el Chadim paßte. Andererseits entzieht sich eine solche allgemeinere Charakteristik m. E. einer konkreteren Lokalisierung, jedenfalls ohne genauere Anhaltspunkte.

und wohl tatsächlich weltweit sogar einzigen Ursprungsort der Alef-Bet-Schrift als der Urmutter aller Alphabetschriften der Welt (Fig. 2-5)[31].

Fig. 2) Hochplateau von Serabit el Chadim

Fig. 3) Ägyptischer Hathortempel von Serabit el Chadim, Stelenreihe vor dem Sanktuar

[31] Für die Begründung des Ursprungs der Alphabetschrift in Serabit spielt die archäologische Überlieferung (älteste Inschriften) mit sozio-kulturellen Voraussetzungen (ägyptisch-kanaanäische Kulturkontakte während der XII. Dynastie) und Aspekten des Zeicheninventars wie dem hathorisch-ba^calatischen Kuhkopf-Alef (ꝺ) überzeugend zusammen, ausführlicher zur Problematik: L. Morenz, Sinai, 2019; ders., Ikonizität der Buchstaben, i. V.

Fig. 4) Photomontage: Das „hathorische“ Alef „erscheint“ über dem ägyptischen Hathortempel von Serabit el Chadim

Fig. 5) Mineninschrift des *ꜣdꜣ*, S 358[32]

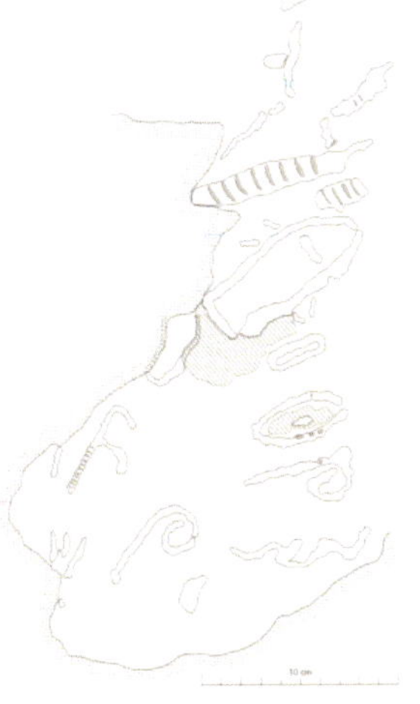

Unter diesen Bildern und Inschriften finden wir sowohl eindeutige Namensnennungen und zudem eine klare Ikonographie des kanaanäischen El, dargestellt im Stil des ägyptischen Gottes Ptah (Felsstele S 351, Fig. 10a). Hinzu kommen Epitheta und (kurze) Beschreibungen. Außerdem sind einige weitere mögliche aber weniger sichere Quellen in Rechnung zu stellen. Diese allmählich

32 Lesungsansatz in L. Morenz, Medienarchäologische Sondagen, 2021, 47-49; entsprechend wurde dort auch die enge Verbindung mit der Inschrift S 376 herausgestellt; zum besonderen Bezug auf El s.u. mit Fig. 28.

gewachsene inschriftliche und bildliche Basis scheint mir inzwischen doch gut genug, um nunmehr eine religionsgeschichtliche Skizze für die theo-archäologisch früheste faßbare Medienschicht des Gottes El im seinerzeit eng verflochtenen mentalitätsarchäologischen Beziehungsgeflecht Religion-Sprache-Schrift-Bild[33] zu wagen. In der Verflechtung werden auch konkrete Inschriften allmählich besser und genauer verständlich, so die Mineninschrift S 358 (Fig. 5 und unten mit Fig. 25-28).

Ähnlich alt wie die altkanaanäischen Inschriften aus Serabit el Chadim ist die Inschrift des Lokalherrschers Jachdun-Lim von Mari, der seine Stadt als eine Gründung *Gottes* (bzw. doch konkret Els?) bezeichnete[34], wobei die Bedeutung von ***ilum*** hier zwischen Genericum/Generalbegriff und Eigennamen bzw. wohl eher euphemistischer Vertretung des Eigennamens oszillieren dürfte. Im Onomastikon von Ebla aus dem Dritten Jahrtausend findet sich zwar öfter das theophore Element *il*, doch wird damit nach Meinung der Ebla-Forschung wohl eher das Genericum „Gott“ gemeint, auch wenn dabei trotzdem vielleicht konkret an den eblaitischen Hauptgott Dagan gedacht wurde[35]. Zeitlich nachfolgende Quellen sind dann zwei Felsinschriften aus dem ägyptischen Wadi el Hol[36], wobei hier der Datierungsspielraum zwischen Mittlerem und Neuem Reich liegt und jedenfalls die Gesamtlesung bis auf weiteres noch problematisch ist[37]. Immerhin scheint mir die Lesung „El“ sehr plausibel[38], und ich vermute in diesen Inschriften sowohl im Blick auf die Alef-Bet-Schrift als auch auf den Gottesnamen El eine kulturhistori-

---

33 Grundsätzlich waren diese Bereiche in der Vormoderne bekanntlich enger vernetzt, und mit N. Luhmanns soziologischem Ansatz erscheint die Ausdifferenzierung dieser Felder ein in der Tendenz „modernes“ Phänomen. Trotzdem können wir im Rückblick natürlich bestimmte „Bereiche“ wie Religion oder Ökonomie trotz all ihrer Verflechtungen doch sinnvoll voneinander trennen, während sie umgekehrt auch in den Postmodernen verschiedene Überschneidungen aufweisen.

34 RIME 4.6.8.1,34f. = TUAT.NF II, 47.

35 G. Pettinato, H. Waetzold, Dagan in Ebla und Mesopotamien, 1985.

36 J.C. Darnell, Two Early Alphabetic Inscriptions, 2005; Anhang.

37 J.C. Darnell, Two Early Alphabetic Inscriptions, 2005, Diskussion in L. Morenz, Sinai, 2019, 225f.

38 J.C. Darnell, Two Early Alphabetic Inscriptions, 2005.

sche Ausstrahlung von dem Ursprungsort Serabit el Chadim in die an das Niltal anschließende Ostwüste, wie wir dies auch ganz ähnlich von einigen anderen Textzeugen aus dem ägyptischen Niltal kennen[39], etwa dem Webwerkzeug (*Heddle Jack*) aus Illahun (Datierung unsicher, Mittleres Reich zumindest nicht unwahrscheinlich)[40] oder dem thebanische *hlḥm*-Ostrakon (XVIII. Dynastie)[41]. Die Alef-Bet-Schrift dürfte mit semitischen Personengruppen gewandert sein, ob nun direkt vom SW-Sinai ins Niltal oder mit dem Umweg über die Levante (oder auch auf beiden Wegen) können wir wegen des Überlieferungszufalls wohl kaum sicher sagen.

Ebenfalls mit in unsere Betrachtung einzubeziehen ist das lexikalisch weibliche Pendant des El, wird doch in einer Krugaufschrift aus dem 14./13. Jh. v. Chr. aus Lachisch die Göttin Elat (*ꜣlt*) – „Göttin" – genannt, allerdings nur sie alleine. Dabei dürfte sich die Stiftungsinschrift weniger auf ein Abstraktum als vielmehr ebenfalls auf eine konkrete Gottheit beziehen, in der wir eine bzw. die Hauptgöttin im spätbronzezeitlichen Lachisch vermuten dürfen (Fig. 6)[42].

---

39 L. Morenz, Sinai, 2019, 110-118, 220f.

40 Mit epigraphischer Neuaufnahme L. Morenz, Sinai, 2019, 220f. Zusätzlich zur Namensinschrift in großen Buchstaben wurden am Originaltext noch zwei kleine geritzte Buchstaben – Het und Luwy/Lamed – entdeckt (221, Fig. 156).

41 B. Haring, Halaḥam, 2015, L. Morenz, Sinai, 2019, 110-114.

42 Im Anschluß an F.M. Cross, The Evolution of the Protocanaanite Alphabet, 1954, 19-21, L. Morenz, Sinai, 2019, 69; zu Lachisch und der Alef-Bet-Schrift mit einem Neufund: F. Höflmeier et alii, Early Alphabetic Writing, 2021; dazu die Studie zum ägyptischen „Kolonialismus" in Spätbronzezeit und Eisenzeit von I. Koch, Colonial Encounters, 2021, 45-53, Kap. III (Goddess in Translation), wo ein stärkerer Einfluß gerade von der Göttin Hathor herausgearbeitet wird.

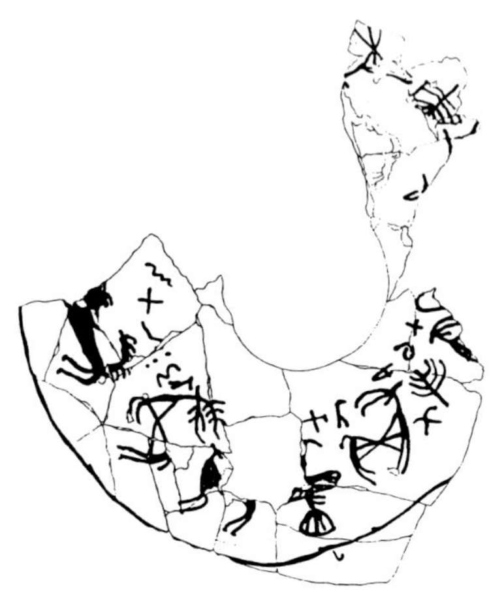

Fig. 6) Inschrift auf dem Lachisch-Krug: „Gabe: Eine Darbringung [für meine Herr]in ꜣalat“

Wir können darüber hinaus stärker ein besonderes sozio-kulturelles Beziehungsgeflecht zwischen Lachisch und Serabit el Chadim vermuten, sowohl im Blick auf die Ausbreitung der Alphabetschrift[43] als auch auf die einander zumindest familienähnlichen Götter El (Serabit el Chadim) – Elat (Lachisch).

Ein möglicher, wenn auch m. E. nicht besonders wahrscheinlicher Kandidat für Namensschreibungen von „El“ ist die Gruppe der *anra*-Skarabäen[44], die zu Hunderten in der Levante und im Niltal gefunden wurden, und deren Produktion im späteren Mittleren Reich begann. Auf den Skarabäen können wir sogar drei verschiedene Zeichengruppen unterscheiden, nämlich neben der *anra*-Gruppe mit (scheinbar) phonographischen Zeichen wie 𓂋, 𓂝 oder 𓈖 auch noch die *nefer*-Zeichengruppe (Glücks- und Heilszeichen wie eben das namengebende 𓄤) und, damit eng verwandt, Zeichen mit einer königlichen Symbolik (𓇓, 𓅃). Diese Zeichengruppen wurden relativ getrennt voneinander gebraucht, doch kennen wir verschiedene Überschneidungen wie auf dem Bonner Skarabäus MF302[45]. Sowohl die *anra*-Gruppe als auch die *nefer*-Gruppe können als eine aus der Hieroglyphenschrift abgeleitete Schriftimitation/Trugschrift erklärt werden, wobei die *nefer*-Zeichengruppe auf die symbolische und semantische Dimension der Hieroglyphenschrift verweist, die *anra*-

43 L. Morenz, Sinai, 2019, 93f., These 12.

44 F. Richards, The Anra Scarab, 2001.

45 S. Konert, L. Morenz, S. Weil, Skarabäen des späten Mittleren Reichs und der Hyksoszeit, 2014, 83, Kat. 24.

Gruppe auf ihre phonographische[46]. Dies schließt ein, daß einzelne Zeichenkombinationen in dieser Art Pseudo-Alphabetschrift als konkreter lesbar gedacht gewesen sein mögen, etwa = *rn* – „Name" – und vielleicht auch = *nr* – „Schrecken"[47]. In diesem Rahmen ließe sich nicht nur der Name des ägyptischen Sonnengottes Re (Zeichenkombination u.ä.) lesen, sondern auch El käme für Zeichenkombinationen wie in Frage. Allerdings könnte diese Lesbarkeit nur Produkt einer Art Lotteriespiel im Sinne der zufälligen Kombination der nur wenigen aber vielfach verwendeten Zeichen der *anra*-Gruppe sein. Von daher erschiene mir die eine konkrete Lesung einer Zeichengruppe als „El" hochgradig unsicher und steht unter dem starken Verdacht, tatsächlich nur ein Zufallsprodukt der *anra*-„Lotterie" zu sein.

Ein nächster wichtiger und aussagekräftiger Komplex für El-Fragen sind dann die mythologischen Texte aus dem spätbronzezeitlichen Ugarit[48], was hier allerdings nicht weiter verfolgt wird, weil es jenseits meiner Kompetenz liegt und auch in der Forschung bereits relativ gut aufgearbeitet ist[49]. Dies gilt auch für den in hethitischer Sprache überlieferten El-Kunirša Mythus[50]. Trotzdem wird hier vergleichend auf einige Kernaspekte Els, wie sie in den ugaritischen Texten erscheinen, geblickt. Diese motivliche Nähe scheint mir doch bemerkenswert und kaum zufällig. Hinzu kommt weiterhin, daß zwar der Anfang der Alef-Bet-Schrift im 19. Jh. v. Chr. in Serabit el Chadim liegt, wir aber aus diesem Gebiet auch Inschriften aus der Zeit des ägyptischen Neuen Reiches (= in levantinischer Terminologie: Spätbronzezeit) kennen, besonders die Felsinschrif-

46 L. Morenz, Pseudo-Alphabetschrift, 2014. Schriftgeschichtlich ist dieser aus der ägyptischen Hieroglyphenschrift abgeleitete, systematische Zeichengebrauch aus der Mitte des Zweiten Jahrtausends v. Chr. ausgesprochen bemerkenswert und mehr als nur einfache Schriftimitation wie wir sie schon seit den Anfängen der Hieroglyphenschrift kennen (H.G. Fischer, Old Kingdom Cylinder Seals, 1972).

47 G. Posener, Le mot égyptien, 1964.

48 O. Eissfeld, El im ugaritischen Pantheon, 1951; H. Niehr, Der höchste Gott, 1990; mit zahlreicher neuer Literatur: N. Eßbach, Ägypten und Ugarit, 2021.

49 Überblick: I. Kottsieper, El, 2013.

50 H. Hoffner, Hittite Myths, 1998, 90-92.

ten S 387 und 388 aus Rod el Air (unten mit Fig. 23). Außerdem ist zu vermerken, daß die ugaritische Keilalphabetschrift aus dem 13. und 12. Jh. v. Chr.[51] als ein besonderer Ableger der serabitischen Alef-Bet-Schrift erklärt werden kann, sofern sie strukturell ganz von der serabitischen Alef-Bet-Schrift aber formal von der Keilschrift sowie bei etwa der Hälfte der Zeichen alef-betischen Vor-Bildern abzuleiten ist[52]. Von daher gesehen, mögen auch Verflechtungen bei El bestanden haben, ohne daß wir dies wegen des Überlieferungszufalls aber genauer nachzeichnen könnten.

Aus dem ägyptischen Neuen Reich kennen wir dann semitische Personennamen, die mit dem theophoren Element El gebildet sind[53]. Historiographisch besonders prominent darunter ist Abdu-El, der unter Amenhotep III. und Echnaton als Wesir amtete[54]. Damit steht die hier nicht weiter auszulotende Frage nach dem *Amarna-Monotheismus* und El/Gott im Raum, könnte doch in El – allgemeiner Gott bzw. konkreter Gott El – die semitische Bezeichnung des sich in der Sonne manifestierenden Gottes mit der Erscheinungsform „Aton" gesehen worden sein, gerade im Rahmen der (im Blick auf Abdu-El in der Forschung noch wenig beachteten) offenen Grenzen El (= konkreter Gott) und el (= allgemeine Gottesbezeichnung)[55].

---

51 A. Millard, The Ugaritic and the Canaanite Alphabets, 1979; B. Sass, The Gensis, 2004/5, 154 mit Lit. in Anm. 57; P. Bordreuil, D. Pardee, Maunel d'Ougaritique, 2009.

52 Diskussion in L. Morenz, Die Genese, 2011, 194-200.

53 T. Schneider, Asiatische Personennamen in ägyptischen Quellen des Neuen Reiches, 1992, 66–68.

54 A. Zivie, The Lost Tombs of Saqqara, 2007; ders., Pharao's Man ᶜAbdiel. The Vizier with the Semitic Name, 2018.

55 Für die Annahme einer Beziehung muß die Überschneidung keineswegs punktgenau sein (zur Problematik: F. Breyer, Ägyptische Namen und Wörter, 2019). So kennen wir von El keine Schilderung einer Beziehung zur Sonne, aber El wurde wie der eine Gott Echnatons als ferner und hoher Gott konzipiert. Genau wegen solchen in der interkulturellen Übersetzung möglichen Sinnverschiebungen aber kann diese Hypothese kaum härter getestet werden. Trotzdem mag sich künftige Forschung zur Frage lohnen.

Die Belege für El aus Serabit el Chadim sind also markant früh und gehören zu den ältesten Zeugnissen für diesen Gott und den Gottesnamen, aber sie wurden in der Forschung zu El bisher, wenn überhaupt, kaum beachtet[56]. Natürlich schließt dies nicht aus, daß El in der mittel- oder sogar auch der frühbronzezeitlichen Levante eine Rolle in einer nicht zu Schrift geronnenen Tradition gespielt haben könnte oder/und der Überlieferungszufall unser Bild irgendwie verzerrt. Wenn wir uns aber am tatsächlich Überlieferten orientieren, dann beginnt die Geschichte des Gottes El im mittelbronzezeitlichen Serabit el Chadim, und zwar als kanaanäische Entsprechung zum ägyptischen Gott Ptah, die in Entsprechung zur Göttergleichung Hathor-Ba^{c}alat gewollt war.

Mit dieser historischen Beleglage verbunden ist die systematische Beobachtung, daß in den semitischen Sprachen die Wortwurzel Alef + Luwy (späterer [und viel bekannterer] Buchstabenname als Ersatz von Luwy: Lamed)[57] sowohl als generische Bezeichnung – „Gott“ – als auch als Eigenname – „El“ – verstanden werden kann. Die frühesten inschriftlichen Belege für das Genericum stammen aus dem ostsemitischen Akkadisch, in dem *ilum* seit dem Dritten Jahrtausend (und wahrscheinlich sogar länger, nur eben da noch noch nicht schriftlich bezeugt) den Gottesbegriff bezeichnet und in der Wortbedeutung sumerisch *dingir* (besser: diĝir)[58] entspricht[59]. Im Unterschied zu den westsemitischen Sprachen wie Kana-

56 Nicht erwähnt etwa bei I. Kottsieper, El, 2013.

57 Zu Luwy als ältestem Buchstabennamen des späteren Lamed (griech.: Lambda): H.W. Fischer-Elfert, M. Krebernik, Zu den Buchstabennamen, 2016, 170; dazu weiterhin: L. Morenz, Medienarchäologische Sondagen, 2021, 72f.; zu den Verschiebungen bei Buchstaben und Buchstabennamen im Rahmen der Schriftadaption in der levantinischen Spätbronzezeit L. Morenz, Schriftentwicklung, 2012, 141-160.

58 Formen der Differenzierung zeigen sich etwa in sumerischen Götterlisten. Dort ist nur sumerischen Göttern das Götterdeterminativ vorbehalten, während es für semitische und andere nicht gebraucht wurde. So wurde regelmäßig INANNA mit dem Zeichen STERN (= *dingir*) determiniert, ihre akkadische Entsprechung Ischtar aber nicht, Hinweis Gebhard Selz; zur Klassifizierungsfrage G. Selz, Who is a God?, 2016.

59 Eine stärker persönliche Dimension scheint in Personennamen wie Iddin-ilum (belegt etwa für einen Šakkanakku aus Mari des späten Dritten Jahrtausends, J.-M. Durand, La situation historique des Šakkanakku, 1985, 151) auf. Wir können aber auch auf

anäisch, Ugaritisch oder Hebräisch wurde *ilum* nur als allgemeine Götterbezeichnung gebraucht. Dies gilt analog auch für den altägyptischen Gottesbegriff *nṯr*[60], doch wurde der in bestimmten Zusammenhängen stärkerer Gottesbeziehung wie etwa in der Sinuhe-Dichtung[61] oder in der Erzählung des Schiffbrüchigen[62] als eine persönlicher gedachte Gottesbezeichnung eines in das persönliche Schicksal eingreifenden und irgendwie „über"[63] den normalen Göttern stehenden Gottes, m. E. mit gewissen Ansätzen zu Transzendenz, gebraucht[64]. Gelegentlich wurde auch *ilum* in diesem Sinn verwendet[65].

Auch angesichts dieser Parallelen ist die im Kanaanäischen wurzelnde Doppelwertigkeit von Alef+Luwy (/Lamed) als zum einen allgemeiner Gottesbegriff und zum anderen konkrete Gottheit bemerkenswert. In der religiösen Praxis mochten zudem die Grenzen oszillieren. Die altkanaanäischen Quellen aus Serabit el Chadim rekurrieren nicht auf das Genericum, sondern haben vielmehr ganz konkret den persönlich aufgefaßten Gott El im Blickzentrum. Dies heißt aber keineswegs, daß er nicht etwa

---

Stellen wie CAD I/J, 95 sub 4 hinweisen. Ist *a-na DINGIR a-bi-ja* zu verstehen als „an den Gott, meinen Vater" oder „an den Gott meines Vaters"? (H. Hirsch, Gott der Väter, 1966). Diese religionsgeschichtliche Frage kann und muß hier aber nicht weiter verfolgt werden, und auch hier könnte mit Ambiguität gerechnet werden.

60 M. Fitzenreiter, Neues vom Netscher, 2013; ders., Wie gibt es „Gott" im pharaonischen Ägypten?, 2018.

61 F. Feder, H. Hays, L. Morenz (eds.), Interpretations of Sinuhe, 2014.

62 L. Morenz, Zur Poetik des Schiffbrüchigen, 2015.

63 Ob hier der Begriff Transzendenz (S. Morenz, Die Heraufkunft des transzendenten Gottes, 1964) angemessen ist, hängt vor allem an der Frage, wie wir Transzendenz definieren. Nach Herodot I, 31 verehrten die Perser im Unterschied zu den Griechen einen stärker transzendenten Gott und hatten eine entsprechende Skepsis gegen Bilder, Altäre etc.

64 L. Morenz, Gottesunmittelbarkeit, 1994. Dabei ist Transzendenz ein theologisch und religionswissenschaftlich sehr aufgeladener Begriff, und die philosophische bzw. auch begriffsgeschichtliche Diskussion kann hier nicht entfaltet werden. Bereits aus der ägyptischen Zeit der Regionen (/Erste Zwischenzeit) kennen wir in einigen Selbst-Präsentationen das Motiv des konkreter in das persönliche Leben eines bestimmten Mannes einwirkenden Gottes, L. Morenz, Anchtifi, 2022, 68-73. In der akkadischen Sprache wurde diese Vorstellung lexikalisiert, sofern „Glück haben" wörtlich verstanden „einen Gott bekommen" bedeutet.

65 Hinweis Jan Dietrich.

aus dem allgemeinen Wort für GOTT entwickelt worden sein könnte. Vergleichend sprachgeschichtlich steht dabei jedenfalls zu erwarten, daß das Genericum „el“ älter als der konkrete Gottesname „El“ sein dürfte, allerdings vermutlich mit fließenden Bedeutungsgrenzen und -übergängen.

Tatsächlich gelten diese Überlegungen ganz analog für die andere mittelbronzezeitliche kanaanäische Gottheit aus Serabit el Chadim, Ba^{c}alat. Hier handelt es sich nämlich ebenfalls um den Eigennamen einer konkreten Gottes-Person wie auch die allgemeine Bezeichnung „Herrin“. Sie wurde nicht nur in den früh-alefbetischen Inschriften vielfach genannt, sondern auch wie in der Sphinx (S 345, Fig. 7a)[66] rundplastisch oder dem in seiner Form ebenfalls stark ägyptisierenden Hathor-Kopf auf einer Felsstele (S 355, Fig. 7b) flachbildlich dargestellt und zudem durch die kanaanäische Pseudohieroglyphe bzw. Ägyptogramm VOGEL ÜBER GEBÄUDE (so auf der Sphinxinschrift S 345 und auf der Felsstele S 350) repräsentiert (Fig. 7c und d)[67]. Hinzu kommt vermutlich auch noch der Falke über der Kuh von dem dekorierten Steinsplitter aus der Mine M (unten Fig. 33). In die Darstellung dieser Göttin floß also seinerzeit eine starke bildschöpferische Energie, und das Interesse an der bildlichen und gerade auch der schriftlichen Darstellung der beiden Götter El und Ba^{c}alat wirkte im mittelbronzezeitlichen Serabit el Chadim ausgesprochen medienproduktiv[68]. Bildwerdung und speziell eine Ab-Bildung von Göttern aber war für die Kanaanäer im SW-Sinai und speziell die Beduinen des hypothetischen *He-Stammes*[69] etwas seinerzeit vermutlich Besonderes

[66] Durch die Identifikation mit der Göttin Ba^{c}alat und die Datierung in die XII. Dynastie dürfte es sich bei S 345 um die früheste bekannte weibliche Sphinx handeln, und darüber hinaus jedenfalls um die kanaanäische ikonologische Reinterpretation eines traditionellen Typs der ägyptischen Königsplastik als Götterdarstellung.

[67] Neben Hieroglyphenschrift und Hieratisch, Alef-Bet-Schrift und den nicht-schriftlichen Markern können diese kanaanäischen aber ägyptisierenden Pseudo-Hieroglyphen als ein eigener Zeichentypus der Mittelbronzezeit auf dem Hochplateau von Serabit verstanden werden; herausgearbeitet in L. Morenz, Kultur-Poetik in der Mittelbronzezeit, 2022, Kap. 1.

[68] L. Morenz, Ein Trigger, 2019.

[69] Zur Bestimmung dieses „He“-Stammes: L. Morenz, Medienarchäologische Sondagen, 2021, 31-43.

und Neuartiges, wahrscheinlich von der auf dem Hochplateau von Serabit el Chadim so präsenten ägyptischen Bildwelt Inspiriertes. Hier zeigt sich eine bemerkenswert konkrete Verbindung von Medienentwicklung und Sakralwelt.

Fig. 7a-b) Sphinx S 345; Felsstele S 355 mit "Hathor"-Kopf (blau gerahmt)

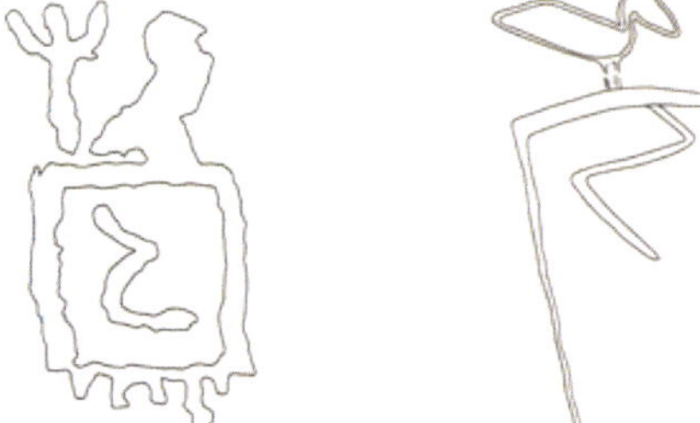

Fig. 7c-d) Kanaanäische Pseudo-Hieroglyphe bzw. Ägyptogramm zur Bezeichnung der Göttin Ba^{c}alat (Sphinx S 345, Felsstele S 350)

In den altkanaanäischen Inschriften und Bildwerken aus Serabit el Chadim ist mit Ba^{c}alat eine konkrete Göttin gemeint und benannt, doch bedeutet die Buchstabenfolge Bet + Ayin + Luwy(/Lamed) + Taw eben auch im generischen Sinn „Herrin". Eine Bezeichnung der Hauptgottheit eines Ortes als „Herr/Herrin von Gebiet X" aber war im Vorderen Orient[70] und nicht zuletzt in der Levante sowohl während der Bronze- als auch der Eisenzeit üblich und verbreitet. Dafür genüge hier ein einfacher Hinweis auf die *Ba^{c}alat/Herrin von Gubla* (Byblos)[71]. Hinzu kommt ein Sprach-

70 Ein bekannteres sumerisches Beispiel aus dem Dritten Jahrtausend ist Nin-Girsu, der göttliche Herr von Lagasch (sumerischer Ortsname: „Girsu"). Dies bedeutet eben „Herr von Girsu", und in den Gebeten des Gudea (D.O. Edzard, Gudea and His Dynasty, 1997) wurde er oft einfach als „Herr" oder „Meister" angeredet.

71 A.D. Espinel, The Role of the Temple of Ba'alat Gebal, 2002.

gebrauch wie in Ebla, wo in nicht wenigen Inschriften der Hauptgott Dagan nicht konkret bei seinem Eigennamen genannt, sondern vielmehr mit einer euphemistischen Nuance als „Herr“ (*belu*) bezeichnet ist[72]. Die Begriffe „Herr“/“Herrin“ und konkrete Gottes-Person – Ba^{c}al oder Ba^{c}alat – konnten ebenso oszillieren wie im Falle von „El“ (= Eigenname) und „el“ (= Genericum).

Diese Beobachtungen zur Doppelgesichtigkeit von sowohl El als auch Ba^{c}alat zwischen Allgemeinbegriff und konkreter Gottesperson und vor allem der Blick auf den im frühen Zweiten Jahrtausend auf dem Hochplateau von Serabit el Chadim intensiven Kulturkontakt Ägypter – Kanaanäer erlauben die Formulierung folgender Ursprungsthese der beiden Kanaanäer-Gottheiten auf dem Hochplateau von Serabit el Chadim im 19. Jahrhundert v. Chr.[73]. Die beiden Göttergleichungen

ägyptisch Hathor	-	kanaanäisch Ba^{c}alat
ägyptisch Ptah	-	kanaanäisch El

gingen offenbar von den Kanaanäern aus, die sich am durch den Hathortempel (oben Fig. 3) so augenfälligen ägyptischen Vorbild orientierten und es zugleich im Sinne ihrer eigenen Identität umprägten. Sie gründen nicht notwendig auf einer direkten ägyptisch-kanaanäischen Götterkorrespondenz, sondern es könnte durchaus auch mit einer Gleichung der sehr konkret personalisierten ägyptischen Göttergestalten Hathor und Ptah mit einer zunächst vielleicht allgemeineren kanaanäischen Göttervorstellung weibliche Göttin und männlicher Gott gerechnet werden. Dabei mag es erst allmählich und im Sog der ägyptischen Gottesvorstellungen – in Serabit el Chadim herausragend prominent waren eben Hathor und Ptah – dieser beiden kanaanäischen Götter zu einer konkreteren Profilschärfung

[72] G. Pettinato, H. Waetzold, Dagan in Ebla und Mesopotamien, 1985.

[73] Hier schließe ich an die Diskussion in L. Morenz, Ein Trigger, 2019, an, glaube aber, doch noch etwas darüber hinaus zu kommen.

und eben auch einer Personalisierung gekommen sein. Über den Gott Ptah und dessen Handwerker-Aspekte[74] könnte der starke Minenbezug des El und seine Rolle als göttlicher Patron der kanaanäischen Minenarbeiter gut erklärt werden. Zugespitzt mag sogar im Zusammenspiel von religionsgeschichtlich-allgemeinen und kulturell lokalspezifischen Beobachtungen und Annahmen erwogen werden, ob „El" eben in Serabit el Chadim und im Rahmen des dortigen Kulturkontaktes mit den Ägyptern und speziell der Göttergleichung mit Ptah auf dem Hochplateau von Serabit el Chadim zu einem personalen Gott für die Kanaanäer gemacht und von ihnen vielleicht sogar überhaupt erst geprägt wurde.

Wir können, ganz vereinfacht, an zwei in der vielschichtigen sozialen Praxis nicht einmal gegeneinander exklusive Überlieferungsmodelle denken:

a) El wurde in Anlehnung an den ägyptischen Gott Ptah aus dem Genericum/Generalbegriff GOTT heraus individualisiert (Fig. 8a)
b) Vorstellung vom Gott El und dessen Gleichung mit Ptah wurde aus der Levante übernommen (Fig. 8b).

[74] Göttermonographie: M. Sandman-Holmberg, The God Ptah, 1946, dazu: H. te Velde, Ptah, 1982; für einen Handwerkeraspekt auch des El vgl. M. Dietrich, O. Loretz, Das ugaritische Gottesattribut ḥrš „Weiser, handwerklich Tüchtiger", 1999. Zudem könnte man erwägen, ob El historisch vermutlich sekundär Aspekte von Koṯar-waḫasis (allerdings erst später belegt) übernommen haben könnte und so mit Ptah korrespondierte. Die Götterkonstellationen in der Levante scheinen in bestimmten Aspekten lokal immer wieder aufs Neue angepasst und verändert worden zu sein, und eine solche Verbindung könnte durchaus gut passen.

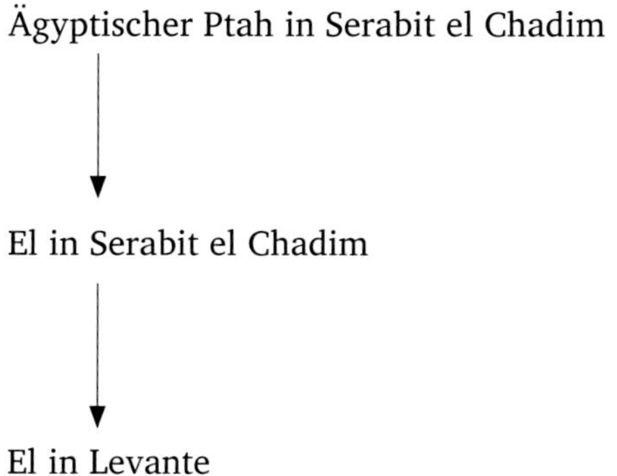

Fig. 8a) Modell von Ursprung/Herkunft des El: einfache Überlieferung

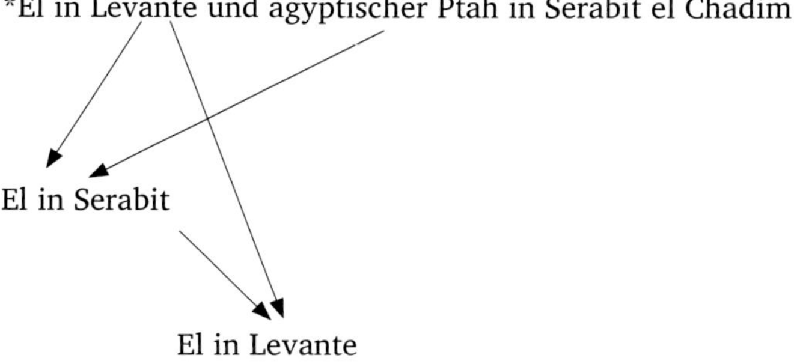

Fig. 8b) Modell von Ursprung/Herkunft des El: komplexe Überlieferung

Sozial-räumlich können wir eine gewisse Differenzierung zwischen den beiden kanaanäischen Göttern El und Ba^c^alat konstatieren, sofern die mit Hathor geglichene kanaanäische Göttin Ba^c^alat in einem Kultraum der Kanaanäer – vermutlich dem sog. Ptah- bzw. Sopdu-Sanktuar, das möglicherweise erst im Neuen Reich zu einem Ptah-Sanktuar gemacht wurde und im Mittleren Reich in Parallele zur Sakralmine der Hathor als Sanktuar der Ba^c^alat fungierte – im ägyptischen Hathortempel von Serabit el Chadim weitgehend alleine, aber tatsächlich in verschiedenen Bildformen wie Sphinx, Würfelhocker und Büsten präsent war[75] (Fig. 9). Diese Vielförmigkeit in der Darstellung der Göttin ist bemerkenswert, zumal für Hathor-Ba^c^alat ja auch noch die Kuhform dazukommt[76]. Außerdem ist zu beachten, daß hier bestimmte traditionelle ägyptische Statuentypen von den Kanaanäern ikonologisch reinterpretiert und dabei spezifisch auf Ba^c^alat bezogen wurden. Auch hier übernahmen die Kanaanäer also ägyptische Vor-Bilder, machten sich aber ihren eigenen kulturellen Reim darauf.

Fig. 9) Sakrale Skulpturen der Kanaanäer aus dem Hathortempel von Serabit el Chadim, alle mit Alef-Bet-Schrift

Diese kanaanäische visuelle Präsenz im ägyptischen Tempel dürfte nicht unwesentlich daran hängen, daß bestimmte Verträge zwischen Ägyptern und Kanaanäern sakral eben von der Göttin *ägyptisch Hathor = kanaanäisch Ba^c^alat* beglaubigt und geheiligt wurden, und für dieses Szenario interkultureller Verträge über Arbeitsleistungen und Bezahlungen war die ägyptisch-kanaanäische Göttergleichung *Hathor = Ba^c^alat* natürlich besonders attraktiv[77]. In den

75 Leider wissen wir über den Kultraum der Kanaanäer im ägyptischen Hathortempel nur sehr wenig Sicheres, und das basiert ganz auf der kurzen Passage bei W.M. Flinders Petrie, Researches, 1906: L. Morenz, Kultur-Poetik in der Mittelbronzezeit, 2022, 44f. Tatsächlich könnten die Skulpturen in sekundärer Lage gefunden worden sein. Ihr ausgezeichneter Erhaltungszustand läßt spekulieren, ob sie vielleicht aus einer Art Cachette stammten.

76 L. Morenz, Carmina Figurata, i. V.; außerdem unten mit Fig. 32 und 33.

77 Wir können sogar vermuten, daß diese Göttergleichung im sozio-kulturellen Rahmen einer ägyptisch-kanaanäischen Vertraglichkeit entwickelt wurde, L. Morenz, Ein Trigger, 2019. Zu den mutmaßlichen Verträgen zwischen Ägyptern und Kanaanäern im SW-Sinai: L. Morenz, Sinai, 2019, 267-269. Tatsächlich war es in den Kulturen des Alten Orients üblich, daß die Götter beider vertragsschließender Partein zu Zeu-

Inschriften an und in den „Kanaanäer-Minen“ (also den Minen mit ausschließlich alefbetischen Inschriften, insbesondere de3m Komplex L und M)[78] waren dagegen sowohl Ba^c^alat als auch El präsent, sogar mit einem gewissen Übergewicht des El als dem göttlichen Patron der Mine[79] (*b tk nqb* = „im Inneren der Mine“, wie es in der Mineninschrift S 350, Fig. 11, heißt). Die besondere Bedeutung der Ba^c^alat gerade im Bereich des Hathortempels mag über die Prägung des Hochplateaus von Serabit el Chadim als Sakrotop der Hathor[80] hinaus damit zusammenhängen, daß gerade im Tempelbereich eben Hathor deutlich wichtiger selbst als Ptah war und sie die sakrale Hauptbezugsgröße der Ägypter des Mittleren und Neuen Reiches im SW-Sinai bildete[81]. Entsprechend attraktiv dürfte sie auf die Kanaanäer im SW-Sinai gewirkt haben.

---

gen des Vertrages angerufen. So nennen Jakob und Laban als wechselseitige Garanten ihres Vertrages: „Der Gott Abrahams und der Gott Nahors sollen zwischen uns Zeugen sein“ (Gen. 31, 53). Eben in dieser Rolle dürfen auch Hathor für die Ägypter und Ba^c^alat für die Kanaanäer vermutet werden.

78 Zur Frage einer ethnischen Differenzierung/Segregierung der Arbeiter in ägyptischen versus kanaanäischen Minen nach den Beschriftung hieroglyphisch versus alefbetschriftlich: L. Morenz, Sinai, 2019, 264-266. Jedenfalls fällt auf, daß wir an den Minen entweder nur kanaanäische oder nur ägyptische Inschriften finden, Überlappung scheint es nicht zu geben.

79 L. Morenz, Ein Trigger, 2019.

80 L. Morenz, Der Türkis und seine Herrin, 2009; ders., Das Hochplateau, 2014.

81 Das theologische Grundmuster von Serabit el Chadim ist auf dem Relieffries S 124 aus der Zeit von König Amen-em-het IV. dargestellt, unten Fig. 42.

II.) El in den früh-alefbetischen Inschriften aus Serabit el Chadim

Die kanaanäische Felsstele S 351 vom Eingangsbereich der Mine L bietet eine eindrückliche Verbindung von Inschrift und Bild in der Ikonographie des ägyptischen Gottes Ptah (Fig. 10). Dabei weist die Bildbeischrift aus, daß er hier in interkultureller Transposition von dem kanaanäischen Autor vielmehr als El[82] verstanden wurde. In der linken Kolumne ist nicht einfach der Name Ba^{c}alat genannt[83], sondern in dem Kompositum *mꜣhb bꜥlt* – „Geliebter der Ba^{c}alat“ – können wir vielmehr ein Epitheton des El erkennen[84]. Mit diesem neuen Textverständnis können wir den kurzen Text insgesamt lesen und verstehen:

[82] Die Bildbeischrift mit dem tatsächlich noch erhaltenen Luwy (/Lamed) erkannte ich erst vor wenigen Jahren bei der Autopsie im Kairener Museum und danke der Museumsdirektorin Sabah Abdelrazik noch einmal für diese Möglichkeiten der Untersuchung und epigraphischen Aufnahme, außerdem David Sabel und Dominic Jacobs für eine Diskussion der Stelle und die graphische Umsetzung.

[83] So hatte ich das noch in L. Morenz, Sinai, 2019, verstanden und deshalb entsprechend sogar noch El vor Ba^{c}alat ergänzt (129-131).

[84] Von der Sphinxinschrift (S 345) kennen wir die ägyptische Formel *mrj ḥw.t-ḥr* – „Geliebter der Hathor“ – und kanaanäisch *mꜣhb bꜥlt* – „Geliebter der Ba^{c}alat“. In der ägyptischen Phraseologie würde sich dies üblicherweise auf einen König beziehen (J. Omlin, Amenemhet I, 1962), doch ist in dieser Inschrift kein König beteiligt. Wie bei anderen Aspekten können wir auch hier mit einer kanaanäischen Sinnverschiebung ägyptischen Sprachgebrauchs rechnen. Eine Bezeichnung als „Geliebter“ (*mꜣhb*) kann sich gut auf den Partner der Ba^{c}alat beziehen und muß keineswegs allzu eng am ägyptischen Muster kleben. Vielleicht galt diese Umwertung sogar auch für die hieroglyphische Inschrift, die mit Blick auf die graphischen Details bis hin zum seltsam exzentrischen Anbringungsort auf der Schulter der Sphinx vermutlich sogar mit einem kanaanäischen Schreiber verbunden werden kann (ausführliche Diskussion in L. Morenz, Sinai, 2019, 196-204).

[*ꜣ*]*l*	Bildbeischrift zur Ptah-förmigen Figur
ḏt bṯn mṯ nqb	Kol. 1
mꜣhb bʿlt	Kol. 2

Dies führt bei einer Leserichtung von rechts nach links zu folgender Übersetzung:

EL (und dazu) *die der Schlange* (Epitheton der Ba^{c}alat):	Beide Gottheiten
der Herr der Mine,	- Epitheton des El
der Geliebte der Ba^{c}alat.	- Epitheton des El

Parallel zum Bild steht El also auch im Text im Fokus.

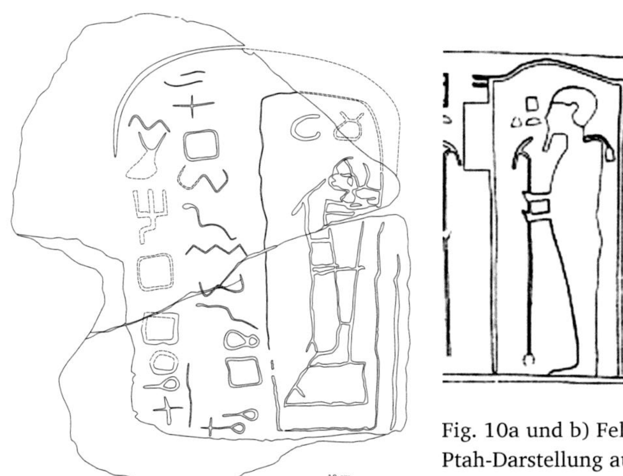

Fig. 10a und b) Felsstele S 351, ägyptische Ptah-Darstellung aus dem Mittleren Reich in Serabit el Chadim (Ausschnitt von dem Relief S 124, hier Fig. 42)

Thematisch daran angeschlossen werden kann im Blick auf El-PTAH die Mineninschrift S 350, ebenfalls vom Eingangsbereich der Mine L, denn hier ist El nicht nur namentlich genannt, sondern seine Namensinschrift auch noch von einem seltsamen Zeichen gefolgt, das kein normaler

Alphabetbuchstabe ist. In diesem Bild-Zeichen können wir analog zu der Ba^{c}alat-Glyphe (oben Fig. 7c und d) m. E. eine besondere Gottes-Glyphe erkennen. Damit dürfte in einer ägyptisierend-hieroglyphischen Weise der Gottesname PTAH ausgedrückt worden sein. Somit hätte ein kanaanäischer Schreiber die Göttergleichung (kanaanäisch) El (in Alef-Bet-Schrift: Alef + Luwy) – (ägyptisch) PTAH (Pseudo-Hieroglyphe bzw. Ägyptogramm) kultur- und medienbewußt zweischriftig ausgedrückt[85]. In dieser Inschrift wird der Gott El(-Ptah) sehr konkret mit der Mine verbunden, können wir doch lesen (Fig. 11):

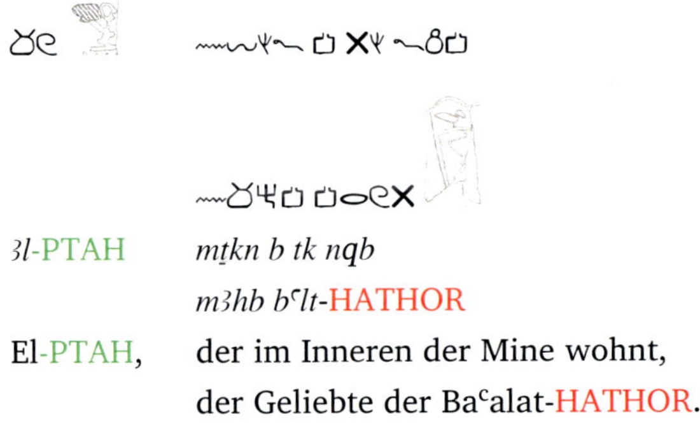

ꜣl-PTAH	*mṯkn b tk nqb*
	mꜣhb bꜥlt-HATHOR
El-PTAH,	der im Inneren der Mine wohnt,
	der Geliebte der Ba^{c}alat-HATHOR.

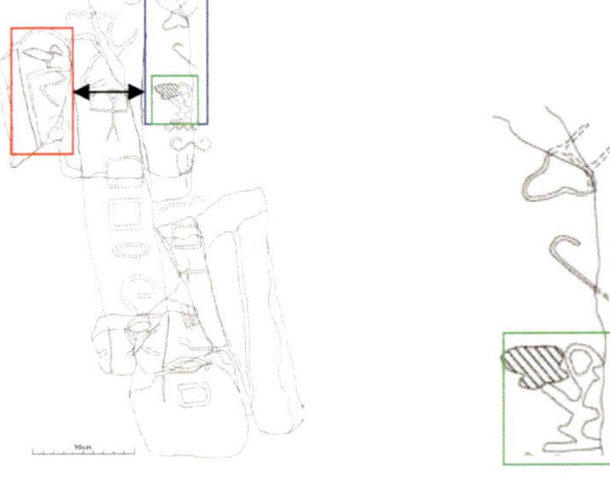

Fig. 11) Felsstele S 350 und Ausschnitt mit dem kombiniert alefbetschriftlich und pseudo-hieroglyphischen Namen El-PTAH

85 Für diese Argumentation ist wichtig, daß auch Ba^{c}alat in dieser Felsinschrift zum einen namentlich in Alef-Bet-Schrift genannt und zum anderen auf ägyptische Weise durch den hieroglyphischen *Serech* dargestellt ist, L. Morenz, Medienarchäologische Sondagen, 2021, 87f.

Die besondere Bild-Schrift-Schöpfung im Anschluß an die Alef-Bet-Schrift zum Rekurs auf die ägyptischen Götternamen Hathor und Ptah erfolgte im sakralen Denkrahmen. Konkretes Vor-Bild war vielleicht sogar die Sphinx S 345 aus dem Hathortempel, die eben so eine *Serech*-Inschrift aufweist (s.o. mit Fig. 7c), und jedenfalls können wir mit einer dichten Intertextualität rechnen. Diese besondere Schreibung für Ba^{c}alat wurde hier aufgegriffen und mit einer vielleicht sogar *ad hoc* geschaffenen Zeichenform analog für El gemünzt. Die beiden Götter bekamen also eine Art pseudo-hieroglyphischer *Icons*, und vermutlich hatte es einen besonderen Sinn, daß die kanaanäischen Namen Ba^{c}alat und El in Alef-Bet-Schrift, die ägyptischen Hathor und Ptah dagegen in Pseudo-Hieroglyphenschrift bzw. Ägyptogrammen geschrieben sind (Fig. 12).

	EL	Ba^{c}alat
Alef-Bet-Schrift		
	Ptah	Hathor
Pseudo-Hieroglyphen		

Fig. 12) Schreibungen der Götternamen in der Inschrift S 350 in zwei Schriftsystemen

Hier wird die kulturelle Identität ausdrückende Differenz zwischen ägyptischer Hieroglyphenschrift und kanaanäischer Alef-Bet-Schrift empfunden, ausgedrückt und … überwunden. In diesem Spezialfall der Schreibungen der Götternamen zeigt sich die hohe Bedeutung des Sakralen für die medialen Entwicklungen in der Mittelbronzezeit geradezu beispielhaft.

Krakelig und unscheinbar wie das Zeichen  auch wirkt, steckt in dieser Pseudo-Hieroglyphe also doch ein besonderes sakro-mediales Potential *ad maiorem dei gloriam*. Die kulturelle Identität der Götter wurde anscheinend stark empfunden, sodaß der Ausdruck der Göttergleichung dazu herausforderte, nicht nur die kanaanäischen Namen El und Ba^{c}alat in Alef-Bet-Schrift zu schreiben, sondern auch Ptah und Hathor als ihre ägyptischen Entsprechungen analog dazu in ägyptisierenden Pseudo-Hieroglyphen. Dabei steht HATHOR über die Zeichenkombination *Gebäude* + *Vogel* durchaus näher am ägyptischen Vorbild, wenn auch in der ganz anderen (aber für den kanaanäischen Leseblick vielleicht gleichen bzw. als gleichwertig gedachten?) hieroglyphischen Gestalt des *Serech*. Wir können vermuten, daß diese Graphie im Dienst der Göttergleichungen seinerzeit im Hathortempel von Serabit erfunden wurde und tatsächlich auch auf der Basis der Sphinx S 345 (oben Fig. 7a und 7c), die im Kanaanäerkultraum des Hathortempels aufgestellt war, steht[86]. Genau dieses Zeichen wurde für die Felsinschrift S 350 übernommen, und wohl im Vorstellungsumkreis davon wurde dann im Anschluß für Ptah das pseudo-hieroglyphische Zeichen bzw. Ägyptogramm  entwickelt.

Wir können schrifttechnisch vermuten, daß diese beiden kanaanäischen Pseudo-Hieroglyphen für die ägyptischen Götter HATHOR und PTAH durch eine Vorbildwirkung ägyptischer Determinative/Logogramme als einer das Phonetische übersteigenden Notation getriggert worden sein könnten. Anstatt in einer größeren Entwicklung zu münden, ist es jedoch historisch anscheinend bei diesen wenigen Spezialfällen geblieben[87].

---

[86] Ausführliche Diskussion auch des zugefügten *He*-Mannes in L. Morenz, Kultur-Poetik, 2022, Fig. 15.

[87] Selbstverständlich mag der Überlieferungszufall uns das ein oder andere weitere Beispiel vorenthalten. Bildstärkere Sonderzeichen in einer dezidierten Lautschrift kennen wir etwa aus der altpersischen Keilschrift, die weitgehend phonographisch funktioniert, aber doch einige wenige Semogramme nutzte, M. Mayrhöfer, Über die Verschriftung des Altpersischen, 1989.

Diese Verbindung der Mine L mit dem Gott El ist eine durchaus konkrete Aussage, zeigt die hohe und konkrete Bedeutung des El für die kanaanäischen Minenarbeiter (*naqbanim*)[88] auf dem Hochplateau von Serabit el Chadim. Zudem werden hier die Götter El und Ptah bzw. Ba^{c}alat und Hathor über die beiden Kanaanäo-Glyphen in eine engere bild-schriftliche Beziehung zueinander gesetzt. Vielleicht zu weit geht die schriftbildliche Deutung, den *He*-Mann in Kol. 2 die beiden Götter El-Ptah bzw. Ba^{c}alat-Hathor verehrend zu denken (Fig. 13). Immerhin scheint jedoch eine solche Schriftbildlichkeit denkbar, und wir kennen m. E. keine sicheren Kriterien, um genauer über ihre Plausibilität zu entscheiden.

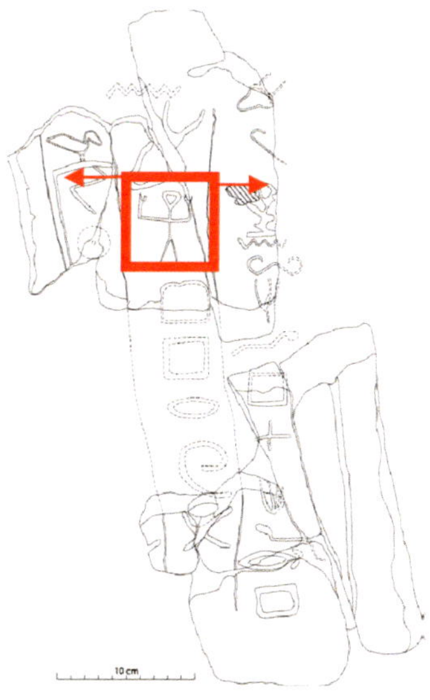

Fig. 13) *He*-Mann in visuellem Bezug auf die beiden Götternamen El-Ptah und Ba^{c}alat-Hathor?

Die Felsinschrift S 350 bietet also einen, mutmaßlich von einem Kanaanäer verfaßten, dezidiert bimedial angelegten (Alphabetschrift und zudem ägyptisierende kanaanäische Pseudo-Hieroglyphen bzw. Ideogramme) Text, der die Göttergleichung *kanaanäisch El = ägyptisch Ptah* und *kanaanäisch Ba^{c}alat = ägyptisch Hathor* graphisch komplex ausgedrückt. Diese Schriftgestaltung gründet in der hohen interkulturellen Kulturdynamik dieses Zeit-Raumes und zeigt das eng mit der neuen Schrift verbundene kanaanäische Identitätsbewußtsein im SW-Sinai der Mittelbronzezeit.

88 Die Wurzel *nqb* – „Mine“ – wurde in den früh-alefbetischen Inschriften aus Serabit signifikant häufig verwendet, steht für die Arbeitswelt der Kanaanäer. So wurde auf dem Würfelhocker S 346 von einem *rb nqbnm* – „Großer der Minenarbeiter“ – gesprochen, ebenfalls in der Felsinschrift S 349 (L. Morenz, Sinai, 2019, 126 und 132).

In einigen anderen altkanaanäischen bzw. bildhaft-kanaanäischen Inschriften wurde El (so wie wir das auch von den jüngeren ugaritischen Mythen kennen) konkreter als Vatergottheit in Szene gesetzt, so ganz explizit in der Mineninschrift S 381 (Fig. 14)[89], die wir lesen können:

ꜣb w ꜣl

„der Vater, der (der Gott) El ist“ .

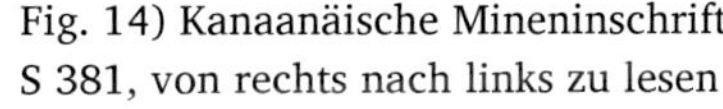

Fig. 14) Kanaanäische Mineninschrift S 381, von rechts nach links zu lesen

Der in der Übersetzung angesetzte und ansonsten gut belegte Relativgebrauch von *w* scheint mir einer dazu alternativen einfachen Koordinationsfunktion („und“) vorzuziehen. Epigraphisch und kontextuell paßt die linke Zeichenform besser zu einem Luwy (/Lamed) als zu einem Bet, und genau diese Lesung ergibt hier guten Sinn.

Exkurs 1: Zur Formvarianz des Buchstabens Luwy in den Inschriften aus Serabit

Die Buchstabenform des Luwy ist in der Mineninschrift S 381 fast kreisförmig-spiralig wiedergegeben. (Auch) Bei diesem Buchstaben bestand eine hohe Variationstoleranz, etwa in den Formen Fig. 15a versus 15b.

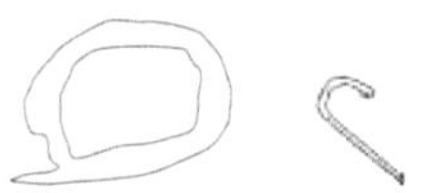

Fig. 15a und b) Formen des Buchstabens Luwy: Inschrift S 381 versus Inschrift S 350

89 L. Morenz, Sinai, 2019, 193.

Dabei steht die Luwy-Form von S 381 (Fig. 15a) in ihrem Duktus dichter an der mutmaßlich gedachten Buchstabenform im Sinne von **luwy* – „umwinden“[90]. Demgegenüber erscheint eine Zeichenform wie die in der Inschrift S 350 (Fig. 15b) in ihrem Figurativitätspotential stärker reduziert. Wie bei vielen anderen Buchstaben galt bzw. wirkte in den frühen alefbetischen Inschriften aus Serabit el Chadim auch bei dem Luwy (/ Lamed) eine bemerkenswert hohe Variationstoleranz, und dies dürfte in einer nur bedingt intensiven Schreiberausbildung der Kanaanäer in Serabit, in der vermutlich nur auf das Erlernen von Grundformen Wert gelegt wurde[91], gründen.

Ende des Exkurses

Diese mythologische Vater-Rolle Els wird auch in der Mineninschrift S 380 thematisiert (Fig. 16). Hier folgt auf das Alef ein zunächst seltsam wirkendes Zeichen, das aber wohl einfach als Ligatur Luwy + Bet aufgelöst werden kann[92]. In einer Art Bild-Schrift-Spiel kann zudem vielleicht das Alef doppelt gelesen werden[93], sodaß wir analog zu der Inschrift S 381 zu den beiden Wörtern *ꜣl* + *ꜣb* kommen, El hier also wiederum als „Vater“ bezeichnet wird[94]. In der Zeile darunter ist der Name der Göttin

90 H.W. Fischer-Elfert, M. Krebernik, Zu den Buchstabennamen, 2016, 170.

91 Zu Fragen des Erlernens der Alef-Bet-Schrift verfügen wir nur über wenige Daten, Diskussion in L. Morenz, Sinai, 2019, 229-244. Zumindest wissen wir grundsätzlich, daß im Unterschied zum Sprechen das Schreiben bewußt erlernt werden muß.

92 Eine gut vergleichbare Zeichenform des Bet bietet die Inschrift S 361, L. Morenz, Sinai und Alphabetschrift, 2019, 149.

93 Schriftlogisch mag diese Ligatur ausdrücken, daß das Alef eben sowohl mit dem Luwy als auch mit dem Bet verbunden gelesen werden sollte. Wir befinden uns mit dieser Inschrift in einer kreativen Experimentierphase der Schrift, und da kann durchaus auch mit *ad hoc* Lösungen gerechnet werden. Diese Haplographie gerade des Alef zeigen auch die Inschriften S 377 (Fig. 17) und S 358 (Fig. 25-28).

94 Die Rolle Els als „Vater“ ist z.B. auch aus den mythologischen Texten aus Ugarit bestens bekannt. Aus den Opferlisten aus Ugarit kennen wir zudem die Bezeichnung *ilaba* = „Gott-Vater“.

Baᶜalat genannt, und wir können darin ihre mythologische Rolle als Frau des El vermuten[95].

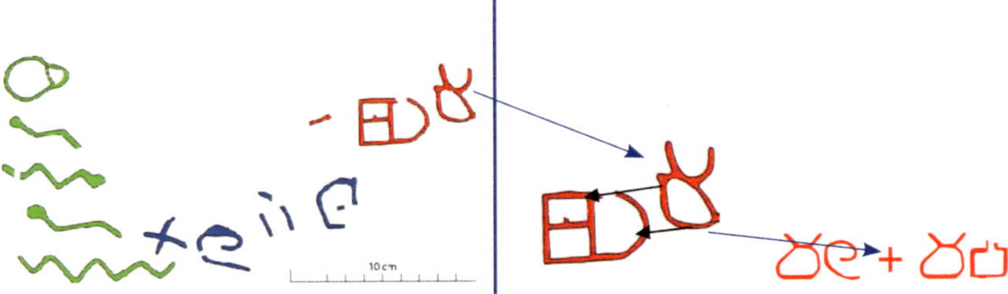

Fig. 16) Mineninschrift S 380; Doppellesung des Alef als *ꜣl* + *ꜣb*

Die Doppellesung des Alef sowohl als *ꜣl* als auch als *ꜣb* erscheint als ein poetisches Mittel, wie wir dies besonders von dem haplographisch gebrauchten Bet in der Phrase *mꜣh*[*b*] *bꜥlt* kennen (Exkurs 2). Der in diesen Inschriften haplographisch gebrauchte Buchstabe bildet ein Scharnier, verklammert zwei inhaltlich enger zusammengehörige Wörter auch graphisch miteinander.

Exkurs 2: Ligaturen und Haplographien als visuell-poetische Mittel in der frühen Alef-Bet-Schrift

Tatsächlich erscheint Haplographie als ein bemerkenswert häufiges Schreibphänomen in den früh-alefbetischen Inschriften aus Serabit el Chadim. Dies war nicht allein eine Sprach- oder Schriftpraxis, sondern fungiert als ein graphischer Ausdruck von Zusammenhang und Verknüpfung, etwa in dem haplographischen Gebrauch des Bet in der Phrase *mꜣh*(*b*) *bꜥlt* – „Geliebter der Baᶜalat“[96]. Ganz ähnlich funktioniert die Doppellesung von Alef in der Felsinschrift S 377 am Gebel Lihyan (unten Fig. 17) als *ꜣl ꜣm* – „El; Mutter“ – oder eben in der Mineninschrift S 380 *ꜣl ꜣb* –

---

[95] Links in der Kolumne bleibt der Text unklar, vielleicht als Personenname *Bn-mnm* – „Sohn des Saitenspiels“ – zu lesen, Diskussion in L. Morenz, Sinai und Alphabetschrift, 2019, 194. Die Lesung des oberen Zeichens als Bet bleibt aber sehr fraglich.

[96] Diskussion in L. Morenz, Sinai, 2019, 240f.

„El, Vater" (oben Fig. 16). Analog dazu ist auch der Kreuzwort-Gebrauch der Buchstaben Alef und Mem in der Mineninschrift S 358 (unten Fig. 27) zu verstehen[97]. In diesem Zeichengebrauch scheint System, und also auch Bedeutung, zu stecken.

Visuell-poetisch kunstvoll gestaltet als ein graphisch inszeniertes Palindrom (Name [illegible]) und bustrophedon zu lesen ist die Inschrift S 376 am Gebel Lihyan[98]. Dazu kommen die frühesten bekannten *Carmina Figurata*, mit denen den Inschriften ein besonderes Kuhkopf-Layout gegeben wird (S 358, S 377) und einige weitere Bild-Schrift-Spiele (etwa Fig. 24)[99]. In dieser Art des visuell inszenierten Schriftgebrauchs zeigt sich eine intellektuelle Kompetenz und zugleich eine kreative Verspieltheit der Schreiber, eine Beherrschung der Schrift und eine eben daraus folgende gewisse spielerische Freiheit. Die kanaanäischen Schreiber in Serabit el Chadim hatten ihre neue Schrift nicht etwa für eine Nutzung im Bereich der Verwaltung erschaffen und gebraucht, sondern vielmehr zunächst nur (?) im sakralen Feld. Ihre beiden Götter, Ba^{c}alat und El, analog zu Hathor und Ptah auch graphisch und speziell schriftlich und zugleich mit visueller Kraft und Schönheit zu inszenieren, war anscheinend ein primäres Ziel gewesen, und auf diesem speziellen Anfang wurde dann weiter geschrieben und allmählich die semiotisch starken Sinnbezüge abbauend und die Figurativität der Buchstaben reduzierend seit der Spätbronzezeit die Alphabetschrift mehr in Richtung Traditionsneutralität entwickelt. So wurde sie aus den sakralen und kulturellen Bindungen gelöst mehr und mehr zu einem phonographischen Werkzeug gemacht.

Ende des Exkurses

Thematisch an die Mineninschrift S 380 schließt die Felsinschrift S 377 vom Gebel Lihyan an (Fig. 17). Hier können wir den Alef-Kuhkopf wiede-

97 Ebenfalls haplographisch – sowohl für *ꜣl* als auch *ꜣmt* – ist das Alef gebraucht am Anfang der Inschrift S 377 (Fig. 17).

98 Diskussion in L. Morenz, Sinai, 2019, 161f.

99 L. Morenz, Kultur-Poetik in der Mittelbronzezeit, 2022, Kap. 3 und 5; ders., Carmina figurata, i.V.

rum im Sinne eines Bild-Schrift-Spieles doppelt lesen und kommen dann zum einen zu dem Gottesnamen *ꜣl* („El“) und zum anderen zu dem Epitheton *ꜣm* („Mutter“)[100]. Damit würde hier also konkret auf das Götterpaar El und MUTTER (= metaphorische Bezeichnung der Baᶜalat, entsprechend zur Bezeichnung von El als Vater [*ꜣb*]) verwiesen und beides zudem auch noch über das KUHKOPF-Alef in der Doppelrolle als Buchstabe und als *Icon* schriftspielerisch miteinander verknüpft. Dazu paßt schriftbildlich auch, daß der Alef-Kuhkopf eine deutlich höhere Figurativität als die beiden anderen Zeichen aufweist und wir in dem Layout dieser drei Zeichen ein *Carmen Figuratum* KUHKOPF (Fig. 18) erkennen können[101]. So wird der Inschrift ein starker und zugleich plausibler Sinn abgewonnen, und für die Schriftgestaltung kann als Parallelen auf verschiedene frühalefbetische Inschriften aus Serabit hingewiesen werden[102].

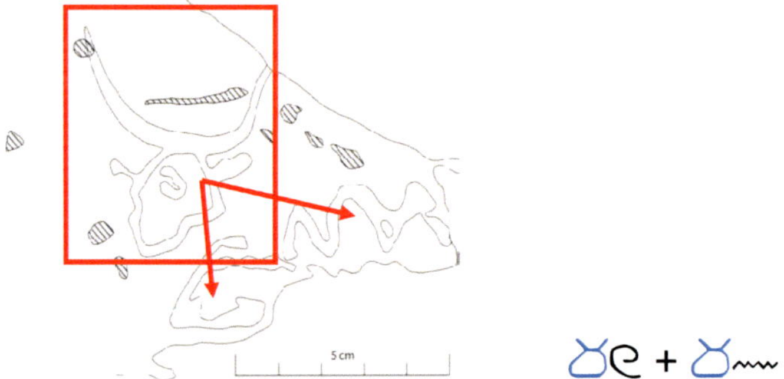

Fig. 17) Felsinschrift S 377; Alef haplographisch gebraucht

[100] L. Morenz, Kultur-Poetik in der Mittelbronzezeit, 2022, 120-122.

[101] Ein möglicher Vorbehalt gegen diese Deutung wäre die Beschädigung rechts und unten, aber intern ergibt sich ein stimmiges Layout und extern ist auf die Wiederholung genau dieser Zeichenfolge in der Kolumne der Inschrift S 383 (L. Morenz, Sinai, 2019, 163f.) hinzuweisen, die anscheinend direkt von der benachbarten früh-alefbetischen Inschrift kopiert wurde. Diese Intertextualität spricht für die Vollständigkeit der Inschrift S 377 mit ihren nur drei Zeichen. Hinzu kommt, daß wir andere ebenso kurze frühalefbetische Inschriften kennen, etwa die Büsteninschrift S 347.

[102] L. Morenz, Carmina Figurata, i. V.

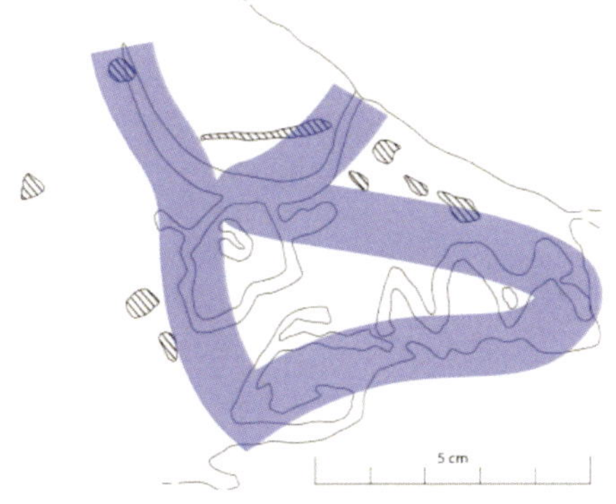

Fig. 18) Felsinschrift S 377, Schriftbild im Layout KUHKOPF

Auf einer weiteren Sinnebene der Bild-Schriftlichkeit könnten in der Inschrift S 377 auch noch der Göttername („El“) und das Göttinnenepitheton („Mutter“ = Ba^{c}alat) wortspielerisch in dem Wort *ꜣml* – „Hoffnung“ – miteinander verwoben sein. Obwohl diese Verwebung theologisch einen guten Sinn zu ergeben scheint, bleiben die *Grenzen der Interpretation*[103] von uns fernen Betrachtern doch kaum sicher auszuloten[104]. Zwar ist noch einmal auf die Beschädigungen der Steinoberfläche an der Felswand hinzuweisen, doch sprechen diese keineswegs gegen die enge Zusammengehörigkeit dieser drei Zeichen und ihre Deutung als semiotisch aufgeladenes *Carmen Figuratum* KUHKOPF. Der Name El steht vielleicht auch in einer weiteren Inschrift am Gebel Lihyan, die ich 2011 autopsierte (Fig. 18b = Tallet Doc. 33). Das Luwy nach dem Alef ist erhaltungsbedingt nicht ganz sicher, und die Bestimmung der Folgezeichen bleibt mit Unsicherheiten behaftet.

Fig. 18b) Felsinschrift am Gebel Lihyan

103 U. Eco, Die Grenzen der Interpretation, 1987.
104 Diskussion in L. Morenz, Medienarchäologische Sondagen, 2021.

An dem Verständnis von *ꜣb* – „Vater“ – als einem speziellen Epitheton des Gottes El können wir auch die beiden Inschriften S 359 und S 357 anschließen. Das Fragment S 359[105] beinhaltet nur vier Buchstaben, doch kann hier gut zu *ꜣb ml*[*k*] ergänzt werden (Fig. 19).

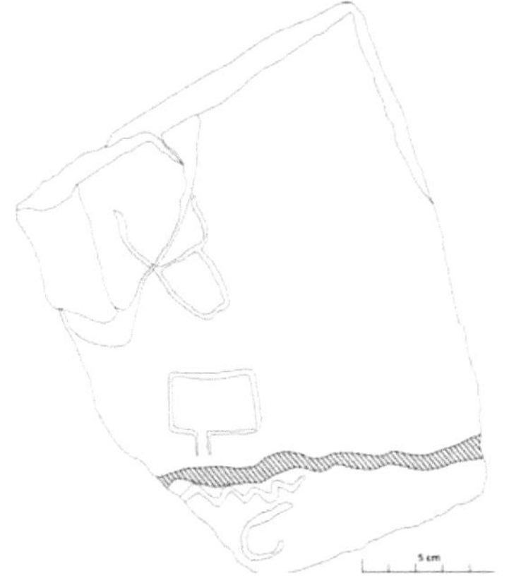

Fig. 19) Fragment S 359

ᗢᗣ ﹏ᘓ[Ψ]

Während W.F. Albright seinerzeit den Personennamen Abimael vermutete[106], hatte ich als Lesung Abimelek, ebenfalls als Personenname, angesetzt[107]. Anstattt eines Personennamens scheint mir aber im Blick auf die anderen besprochenen Belege wie die Inschriften S 377, 380 und 381 sowie S 357 doch wahrscheinlicher, hier in ᗢᗣ („Vater“) und ﹏ᘓ[Ψ] („König“) zwei Epitheta des Gottes El zu sehen. Wegen des fragmentarischen Erhaltungszustandes verbleibt zwar eine gewisse Unsicherheit, doch die im Minenkomlex L + M angebrachten Inschriften S 357 (unten Fig. 20) und S 358 (Fig. 25) bieten nicht nur interessante Parallelen, sondern können als in einem engeren intertextuellen Zusammenhang damit stehend vermutet werden.

In der Mine M[108] wurde mit der in einer Kolumne und einer Zeile geschriebene Inschrift S 357 (Fig. 20) ein besonderer Kultplatz des Gottes El markiert.

[105] L. Morenz, Sinai, 2019, 139.
[106] W.F. Albright, The Protosinaitic, 1966, 24.
[107] L. Morenz, Sinai, 2019, 139.
[108] I. Beith Arieh, Investigations, 1978.

Fig. 20) Mineninschrift S 357 in der Mine M, Kultort des Gottes El

Dank der epigraphischen Neuaufnahme David Sabels aus dem Jahr 2014 kann die Inschrift in der Kolumne gelesen werden[109]:

[110]

ꜣl[111]

ꜣnt ṯpn

d(w)k-m l ꜣb[*b*][112] *mlk*

---

[109] L. Morenz, Sinai, 2019, 187-190 mit Taf. I und II. Die Autopsie im Dezember 2022 hat dann noch ein neues Verständnis des Anfangs dieser Inschrift erbracht.

[110] Die Schlangenform (Grundform) wird durch eine Grundform im Stein gebildet, die vom Schreiber in die Inschrift einbezogen wurde.

[111] Um das natürlich vorgegebene einzubeziehen, wurde das Luwy hier ausgesprochen klein geschrieben. Zudem ist das Alef hier haplographisch zu lesen.

[112] Ein Steinknubbel im Fels kann als konkreter materieller Grund für die Doppelschreibung des Bet vermutet werden, L. Morenz, Sinai, 2019, 190 mit Fig. 21. Alternativ

El!
Du[113], *Klippschliefer* (= Metapher für Bergarbeiter; auch als Eigenname Schapan bekannt)[114]
Stampfe/Zerkleinere[115] dem *Vater*, dem *König* (Epitheta des El)[116].

Als Anschluß scheint auch die folgende Zeile gut zu passen, nur wird deren genaueres Verständnis durch die Beschädigung zum Ende hin etwas beeinträchtigt. Hier können wir lesen:

šmʿ ꜣmr
ꜣr bʿl[t] ///
„Höre das Wort (*šmʿ ꜣmr*)[117]:
Licht der Baʿal[at] ///“[118].

Die Bezeichnung von El als „König“ (*mlk*) weist eine intertextuelle Beziehung zur Inschrift S 358 (Fig. 25), die im Inneren eben dieses Minenkomplexes

könnte das Bet doppelt gelesen werden, und wir kämen dann mit sehr ähnlicher Bedeutung zu „... dem Vater in Königschaft“.

113 Zu *ꜣnt* am Textbeginn (hier ist noch der Gottesname El vorangestellt) vgl. die Inschrift S 349.

114 Zur zoologischen Bestimmung von „Schapan“ als Klippschliefer: R. Krauss, Beiträge, 2016. In dieser Inschrift könnte es sich um eine metaphorische Bezeichnung von einer Art Opferpriester handeln.

115 Zu *dkk* bzw. *d(w)k*: A.F. Rainey, in: IEJ 25, 1975, 13; zum folgenden Buchstaben als enklitischem Mem: W.F. Albright, The Protosinaitic, 1966, 23. Die Opfergabe selbst wird hier als bekannt vorausgesetzt.

116 Epigraphische und lexikalische Diskussion in L. Morenz, Sinai, 2019, 187-190. Im Unterschied dazu wird hier nicht der Eigenname Abimelek angesetzt, sondern mit „Vater“ und „König“ zwei Epitheta des El, wie auch in der Inschrift S 359.

117 Das Wort *šmʿ* kennen wir aus der Hebräischen Bibel, während *ꜣmr* auch in anderen früheisenzeitlichen Inschriften (Ostrakon aus Khirbet Qeiafah, Inschrift aus Horvat Uzza oder Pithos A von Kuntillet Ajrud) belegt ist.

118 Anders als noch in L. Morenz, Sinai, 2019, 188, ergänze ich die Zeile nicht zur phonographischen Schreibung des Zahlwortes als *ꜣrbʿ*. Das Luwy ist zumindest im Ansatz noch erkennbar.

steht, auf. Analog zu dem Hathortempel wurde hier also ein Raum in einer Mine als Kultort für El gestaltet.

Mit diesem neuen Verständnis handelt es sich um eine Weihinschrift der Bergwerksarbeit in der Mine, in der sowohl die Arbeiter (Klippschliefer als Metapher für die im Berg Arbeitenden und spezifisch den Opfernden) als auch der Gott El als Herr der Mine (vgl. etwa die Inschrift S 351, oben Fig. 10, mit der Darstellung des El-Ptah und die Inschrift S 350 mit der Bezeichnung des El als „im Inneren der Mine“) angerufen werden. Die Inschrift an einer auffälligen Rohstoffader diente der symbolischen Sinnsteigerung der Arbeitswelt und war mit einer Opferpraxis für El verbunden, wie wir dies analog durch das ägyptische Türkisopfer-Ritual für Hathor im Hathortempel von Serabit kennen. In dieser Anlage zeigt sich die enge bergarbeiterliche Verflechtung von Religion und Arbeitswelt auch räumlich eindrücklich.

Fig. 21) Kultort für den Gott El

Ganz entsprechend ist El als „im Inneren der Mine“ (*b tk nqb*) bezeichnet (oben mit Fig. 11). Wir können im vorderen Bereich der Mine M also ein kleines Heiligtum der Kanaanäer für ihren Gott El vermuten, und damit dürfte der Inschriftenteppich an der Außenwand der benachbarten Mine L (u.a. S 351 mit der Darstellung des El-Ptah, oben Fig. 10) intertextuell korrespondieren[119], zumal die Minen L und M sogar einen zusammengehörigen Bereich gebildet haben dürften. In diesem sakralisierten Raum zeigt sich eine bemerkenswert weit gehende sakrale Gestaltung der Arbeitswelt durch die Kanaanäer im mittelbronzezeitlichen Serabit el Chadim. Damit schließt sich die Deutung von [Glyphe] als einem Epitheton des El und erschließt uns sogar einen mutmaßlichen Sakralraum für diesen Gott. Diese Stimmigkeit im Gesamtbefund zeigt die hohe Bedeutung Els in diesem Zeit-Raum eindrücklich.

Eine schriftspielerische Inszenierung des Gottesnamens Ba^{c}alat sowie dem *elischen* Epitheton *mꜣhb bꜥlt* bietet die in ihrem Duktus ziemlich kursiv wirkende Felsinschrift S 374 mit einer erkennbaren Hauptkolumne (Fig. 22)[120].

Fig. 22) Felsinschrift S 374; grün-rot markiertes Ayin zeigt die Doppelnutzung dieses Buchstabens in den beiden Schreibungen des Namens Ba^{c}alat an

119 Tatsächlich könnte sogar auch das steinerne Kopffragment (Fig. 36) hierher stammen, doch muß das mangels bekannter Fundumstände Spekulation bleiben.

120 L. Morenz, Sinai, 2019, 155f.

Insgesamt läßt sich diese Felsinschrift lesen:

(t)tn
ḏ ꜣl
mꜣhb bꜥlt
Bꜥlt

Geber/Gabe:
Dieser El,
der Geliebte der Baᶜalat,
Baᶜalat.

Dabei könnten die beiden Götternamen, El und Baᶜalat, in diesem Fall durchaus als ein sekundärer Nachtrag zu der Hauptkolumne hinzugekommen sein. Dafür sprechen textintern stärkere Differenzen zwischen den Buchstabenformen Alef und Bet, doch zeigen die früh-alefbetischen Inschriften aus Serabit el Chadim trotz ihrer Kürze immer wieder eine stärkere Varianz in den konkreten Zeichenformen[121]. Zusammen mit dem Erscheinungsbild im Layout scheint mir die Annahme zweier Beschriftungsschichten, also einem Nachtrag der beiden Gottesnamen El und Baᶜalat, durchaus plausibel. Tatsächlich könnte wie bei der Inschrift S 360[122] zunächst nur eine Kolumne gestanden haben, wobei der ganze Rest eine Fortschreibung von *mꜣhb bꜥlt* gewesen sein mag[123].

[121] D. Sabel, Das Alef, 2019.
[122] L. Morenz, Sinai, 2019, 151f.
[123] Konkret kennen wir Fortschreibungen etwa von der Felsinschrift S 376 am Gebel Lihyan (L. Morenz, Sinai, 2019, 161f.).

Hier ist an der rechten unteren Ecke der Gottesname El zu lesen und in der Hauptkolumne das Epitheton *mꜣhb bꜥlt*. Zudem ist hier in einer Art Kreuzwort-Ordnung das Ayin doppelt genutzt, um in einer stärker horizontalen Ausrichtung und mit einer Kreuzwort-Anordnung den Gottesnamen Baᶜalat zu schreiben[124]. Auch in dieser Inschrift sind also El und Baᶜalat graphisch in Szene gesetzt.

An diese spielerischen Schreibungen kann weiterhin noch die Felsinschrift S 387 + 388 aus Rod el Air (Fig. 23) angeschlossen werden, wo wir in einem mutmaßlich komplexen alefbetischen Textgeflecht (sogar unter Einbeziehung zweier Hieroglyphen von der älteren ägyptischen Inschrift, die hier in besonderer Weise sekundär und spielerisch als Alef-Bet-Buchstaben reinterpretiert wurden[125]) lesen können[126]:

l ꜥlm l ꜣl[127] *ꜥl*[128]

Für den Ewigen, für El, den Höchsten.

Diese Aussage paßt bemerkenswert gut zu dem, was wir über El aus der ugaritischen Mythologie oder den Texten der Hebräischen Bibel erfahren. Tatsächlich scheint dieses ʾl ʿl formal genau wie die aus diesen Texten bestens bekannte Bezeichnung ʾēl ʿelyōn gebildet zu sein, was wiederum die vorgeschlagene Lesung unterstützt[129], während für das Epitheton *ꜥlm* auf

[124] Zu dieser Art Schrift-Spiel: L. Morenz, Kultur-Poetik in der Mittelbronzezeit, 2022, Kap. 3 und 5. Eine solche Doppelverwendung eines Buchstabens bietet z.B. die Inschrift S 358, wo das eine Mem als Zeichen der Kolumne und auch der Zeile doppelt gelesen werden kann und so den Text zusammenschweißt, Fig. 27.

[125] Hier kann vermutet werden, daß die beiden mit den Hieroglyphen (Phonogramm *r*) und (Phonogramm *m*) formgleichen aber bedeutungsverschiedenen früh-alefbetischen Buchstaben Ayin () und Mem () als Trigger für den Schreiber gewirkt haben.

[126] Ausführliche Diskussion in L. Morenz, Sinai, 2019, 165-172.

[127] Zur Form des Alef: D. Sabel, Das Alef, 2019.

[128] Hinzuweisen ist auf die etwas problematische Bestimmung des Zeichens rechts unten als Luwy; Diskussion in L. Morenz, Sinai, 2019, 169-171.

[129] Y. Wiechmann wies mich darauf hin, daß اَلْعَلِيُّ zu den 99 Namen اَلاسْمَاءُ الْحُسناى Allahs zählt, also das Wort-Wurzelspiel Aleph-Lamed Ayin-Lamed gewissermaßen fortge-

die Inschrift S 358 (Fig. 25-28) hinzuweisen ist. Zu beachten ist dabei religionsgeschichtlich, daß diese alefbetische Inschrift deutlich jünger sein dürfte, als etwa die in die Zeit von König Amen-em-het III. datierende Sphinx (S 345, oben Fig. 7a) mit ihrem alefbetischen Text[130]. Da sie an die epigraphisch klar in das Neue Reich zu datierende hieroglyphische Felsinschrift mit dem Namen des *Swnr* anschließt und sie sogar spielerisch fortschreibt, kann sie selbst erst aus der Spätbronzezeit stammen und ist somit etwa kontemporär mit den ugaritischen mythologischen Texten[131].

Fig. 23) Felsinschrift S 387 + 388: Kanaanäische Alef-Bet-Schrift (grün hervorgehoben) in intertextueller Überlappung mit ägyptischer Hieroglyphenschrift; Pfeile zeigen die Leserichtung an

Die hier erarbeitete Interpretation setzt ein kunstvolles Spiel und einen virtuosen Schriftumgang auch mit der vorgefundenen Hieroglyphenschrift voraus, und gerade dies halte ich mit Blick auf die genetische Verwandtschaft zumindest für möglich, zumal wir auch (wie bei der Felsinschrift S 376 am Gebel Lihyan) die Praxis von Fortschreibung kennen.

---

setzt, schön etwa in Sūra 22, 62. Āya: الله هُوَ الْعَلِيُّ الْكَبِيرُ (…) „(Das ist, weil) Allah der Erhabene ist, der Große".

130 Zur Datierungsfrage L. Morenz, Sinai, 2019, 198.

131 L. Morenz, Sinai, 2019, 166-172.

Zweiter Grund für die hier angesetzte Lesung ist, daß diesen bewußt in die Felswand eingerizten Zeichen jedenfalls nach bisherigem Kenntnisstand nur so als einem Ganzen vollständig Sinn abgewonnen wird[132]. Bis zu einer besseren bzw. plausibleren Lesung/Lösung bleibe ich bei diesem zunächst vielleicht etwas kompliziert wirkenden Lesungsansatz, der tatsächlich erstmals alle Zeichen dieses Abschnittes auf der Felswand deutet[133].

Hinzu kommen noch einige weitere Inschriften, in denen der Gottesname El genannt ist[134]. Die Quellenbasis ist also wirklich ziemlich gut und zeigt die hohe Prominenz des Gottes El bei den Kanaanäern auf dem Hochplateau von Serabit el Chadim. Neben Ba^{c}alat ist El der am häufigsten in den alefbetischen Inschriften aus Serabit el Chadim genannte Name, also ein ausgesprochen prominentes und wichtiges Wort in diesen sakralen Texten.

Mit diesem Verständnis können wir die in den altkanaanäischen Inschriften aus Serabit el Chadim häufig belegte Formel *mꜣhb bꜥlt* – „Geliebter der Ba^{c}alat“[135] – eben als eine Bezeichnung des Gottes El als dem männlichen Partner der Ba^{c}alat verstehen. In Form dieses Epithetons wäre dann El durch die Sphinxinschrift (oben Fig. 7a) im Gefolge der Ba^{c}alat sogar doch auch im Kultraum der Kanaanäer im ägyptischen Hathortempel von Serabit el Chadim präsent, in diesem Fall aber seiner Partnerin Ba^{c}alat deutlich nachgeordnet. Diese Phrase *mꜣhb bꜥlt* – „Geliebter der Ba^{c}alat“ – finden wir in einer besonderen visuellen Inszenierung in der Felsinschrift S 354 (Fig. 24)[136], und gegen den ersten Anschein dürfte also auch hier speziell El als der Partner der Ba^{c}alat angesprochen sein.

---

132 Die hier nicht besprochenen drei weiteren alefbetischen Zeichen $n + {}^{c} + l$ könnten als Eigenname erklärt werden (L. Morenz, Sinai, 2019, 167f.), und der dürfte an die El-Inschrift anschließen.

133 Das Verständnis wird wesentlich der epigraphischen Aufnahme dieser Inschrift durch David Sabel verdankt.

134 Belege im Anhang.

135 Diskussion der Schreibvarianten in L. Morenz, Sinai, 2019, 240f.

136 L. Morenz, Medienarchäologische Sondagen, 2021, 77f.

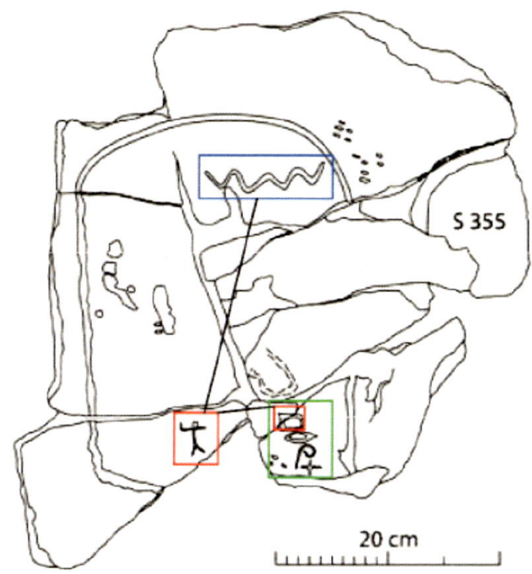

Fig. 24) Felsinschrift S 354: Visuell poetische Inszenierung des *He*-Mannes in Bezug auf Ba^calat

Im Sinne der Bildschriftlichkeit als ein herausragendes Werk der frühen alefbetischen SchriftKunst mit starkem Bezug auf Ba^calat und El verstanden werden kann die Inschrift S 358, die im Inneren der Kupfer- und Türkismine M angebracht wurde (Fig. 25)[137]. Hier handelt es sich um eine Art Pfeilerwand und vermutlich Sakralstelle für El „im Inneren der Mine".

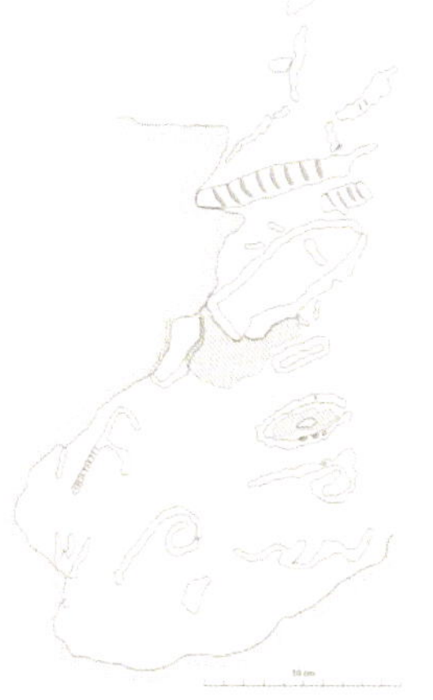

Fig. 25) Mineninschrift S 358

[137] L. Morenz, Carmina Figurata, i. V.

Die kunstvolle Zeichenanordnung läßt als Bildgestalt einen Kuhkopf erkennen (Fig. 26)[138].

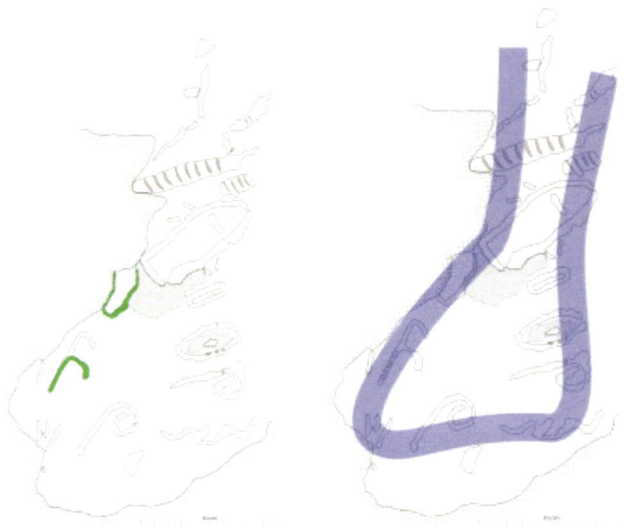

Fig. 26) Inschrift S 358, Hervorhebung von Alef + Luwy; Umzeichnung des Kuhkopf-Layouts

Damit ist die Interpretation jedoch noch immer nicht ausschöpft. Etwas in der Luft hinge dabei nämlich die Phrase *ʿlm mlk*, was als eine Bezeichnung des *ꜣdꜣ* kaum recht paßt. Tatsächlich können wir die Lesereihenfolge besser umdrehen, und kommen so zu einem gängigen Epitheton des Gottes El. Zudem kann im Anschluß an das zweite Alef ein (etwas verschriebenes) Luwy vermutet werden. Somit wäre auch hier der Gottesname El direkt geschrieben, wiederum mit Haplographie des Alef[139]:

[138] L. Morenz, Medienarchäologische Sondagen, 2021; ders., Kultur-Poetik in der Mittelbronzezeit, 2022.

[139] Diese Interpretation fußt auf der Autopsie im November 2022, während ich hier vorher einen Marker vermutete zur Form des Luwy vgl. die Buchstabenform der Inschrift S 350, hier Fig. 15b.

ꜣdꜣ (Name) + *(ꜣ)l*	*ꜣdꜣ* (Name) + El (Gottesname)
mlk ʿlm	König in Ewigkeit

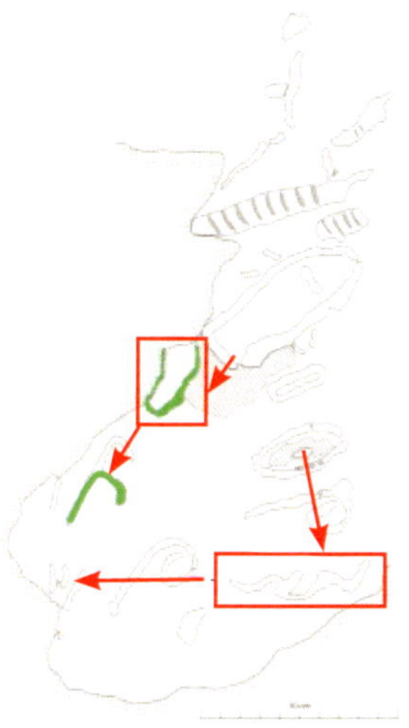

Auf den Personennamen *ꜣdꜣ* folgt der Gottesname El und eine Bezeichnung von El mit dem Epitheton *mlk ʿlm* – „König in Ewigkeit". Genau diese Attribuierung kennen wir für El auch aus den spätbronzezeitlichen Mythen von Ugarit und aus den Texten der jüngeren Hebräischen Bibel[140]. Die Verschachtelung zwischen beiden Wörtern artikuliert sich graphisch in dem haplographisch am Ende der Kolumne und am Anfang der (linksläufigen) Zeile gebrauchten Buchstaben Mem (Fig. 27).

Fig. 27) Mineninschrift S 358: Haplographisches Mem und haplographisches Alef markiert

Die Bezeichnung als *mlk* – „König" – korrespondiert intertextuell mit der Anrufung Els als „Vater" (*ꜣb*) und „König" (*mlk*) in der Inschrift S 357 (Fig. 20).

Parallel zur inschriftlichen Nennung des Gottesnamens El kann die Buchstabenanordnung des Namens *ꜣdꜣ* nämlich als ein Kuhkopf-Alef gesehen werden, während das *mlk ʿlm* mit dem „haplographisch" gebrauchten Mem im unteren Teil als Scharnier über die Anordnung ein Luwy (/ Lamed) assoziiert und gut zur Wortwurzel **luwy* – „winden" – paßt (Fig. 28).

[140] I. Kottsieper, El, 2013.

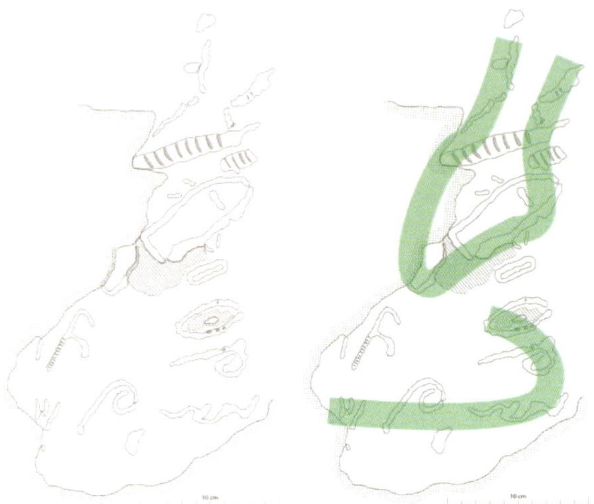

Fig. 28) S 358 Umrisse von Kuhkopf-Alef und Luwy (/Lamed) = visuelle Lesung als Gottesname El -

Zu dieser Gestaltung paßt auch der in diesen früh-alefbetischen Inschriften ungewöhnliche Trennstrich als ein metagraphisches Signal[141], ebenso die auffällige Schrägstellung des *Dag*-Fisches im Namen *ꜣdꜣ* (Fig. 29), und die Orientierung des *Dag*-Fisches wurde ja auch in der Inschrift S 376 markierend und den Leserblick lenkend eingesetzt[142]. Zudem sind im palindromischen Personennamen gerade die beiden Alef-Kuhköpfe ausgesprochen prominent.

141 Trennstriche wurden in der frühen Alef-Bet-Schrift kaum praktiziert (immerhin auch bei dem Würfelhocker S 346, L. Morenz, Sinai, 2019, 125), kamen aber in der Spätbronzezeit langsam auf, etwa in Lachisch, L. Morenz, Sinai, 2019, 69. Hier kann also mit einer besonderen graphischen Funktion gerechnet werden.

142 L. Morenz, Sinai, 2019, 161f. mit Fig. 86.

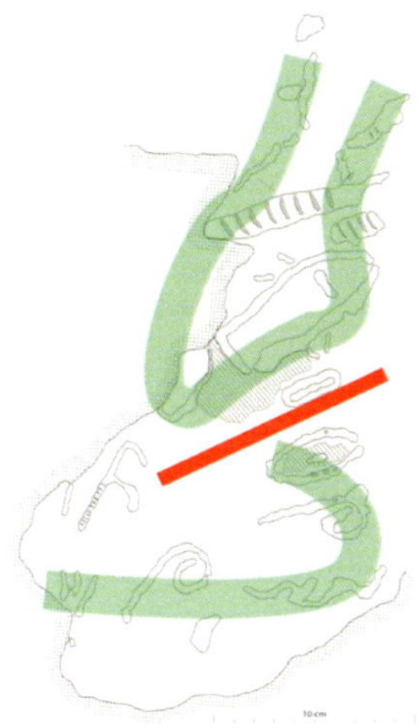

Fig. 29) Mineninschrift S 358: Betonung der Lesung *ꜣdꜣ*: Trennstrich und Schrägstellung des *Dag*-Fisches zur Lenkung des Leserblicks

So würde die Anordnung der Buchstaben in dieser Mineninschrift schriftbildlich den Gottesname EL kodieren. In dieser Schriftbildlichkeit ist der Gott El kunstvoll inszeniert, und zugleich ist hier über den visuell-poetischen KUHKOPF sogar auch noch die Göttin Ba^{c}alat mit präsent und klingt supplementär zudem in den beiden auffälligen Alef-Kuhköpfen im Namen an. Natürlich können wir keine Sicherheit gewinnen, aber ich könnte mir vorstellen, daß die Graphie des Palindroms sogar den Anstoß für die schriftbildliche Gestaltung der Inschrift als KUHKOPF bildete, in dessen Folge dann bei S 358 auch noch das Luwy „buchstäblich" gemalt wurde.

Diese Inschrift in der Mine M bietet also eine hohe visuelle Mehrschichtigkeit mit Darstellung und Betonung dieser beiden Gottheiten in Schriftbildlichkeit. Diese „Schreibung" des Namens von El mittels des Schrift-Bildes zeigt entwickelte Visuelle Poesie. Während das gesamte Schrift-Bild des Kuhkopfes als ein sakrales *Carmen Figuratum* erklärt werden kann, geht die „Schreibung" des Namens El noch einmal darüber hinaus, ist eine kunstvoll-abstraktere Weiterführung dessen im Geist der phonozentrischen und doch zugleich figurativ orientierten alefbetischen

Schriftlichkeit im mittelbronzezeitlichen SW-Sinai. In der mehrschichtigen Lesung der Mineninschrift S 358 erweist sich *ꜣdꜣ* als ein bemerkenswert kreativer Schreiber, der an den meditativen/faszinierten Leserblick appellierte und dabei seinen eigenen Namen visuell eng mit den beiden kanaanäischen Göttern Ba^{c}alat und El verband.

Ähnlich kann das Epitheton, sei es allgemein *mṯ* – „Herr" – oder auch spezifiziert *mṯ nqb* – „Herr der Mine" –, in einem neuen Verständnis anstatt auf die Arbeiter konkret auf den Gott El bezogen werden. In diesem Sinn können wir in der rechten Kolumne von der Felsinschrift S 353 (Fig. 30) lesen[143]:

ḏt bṯn
mṯ m(ꜣ)h(b) b^{c}lt

„die der Schlange (= Epitheton der Ba^{c}alat)[144];
Herr, Geliebter der Ba^{c}alat".

Zudem ist in dieser Inschrift an der Kanaanäermine L im Anschluß an Ba^{c}alat links von der linken Kolumne vielleicht noch der Gottesname El genannt, wenn auch in sehr kraklig wirkenden und entsprechend deutungsunsicher bleibenden Zeichen. Vielleicht handelt es sich hier um einen Nachtrag, doch könnte er trotzdem ein zunächst vergessener Teil

---

143 Seinerzeit noch anders aufgelöst in L. Morenz, Sinai, 2019, wo „Arbeitstrupp, die Geliebten der Ba^{c}alat" vorgeschlagen wurde, 136f. So kann auch in der Inschrift S 360 *mṯ* vermutlich auf El bezogen werden (in Sinai, 2019, 151, hatte ich dies noch mit „Arbeitstrupp" wiedergegeben).

144 Vgl. die Schlange als Göttinnendeterminativ in den ägyptischen Inschriften von Serabit aber auch das Lexem *tnt* auf der Büste S 347 (= Epitheton **Tanni(n)tu* – „Die der See-Schlange" –, so mit F.M. Cross, The Origin, 2003, 320f., Anm. 29), L. Morenz, Kultur-Poetik in der Mittelbronzezeit, 2022, 49.

der primären Inschrift gewesen sein oder eventuell auch eine weniger inhaltskonkrete Marginalie[145].

Fig. 30) Felsinschrift S 353; markiert: rechte Kolumne und links außen: Namensnennung El(?)

Analog zu *ḏt bṯn* – „die der Schlange" – als einem Epitheton von Ba^{c}alat wurde für El in den früh-alefbetischen Inschriften aus Serabit el Chadim mehrfach (S 360, 361) das folgende Epitheton gebraucht:

ḏ ṯb

„Der der Gnade"[146].

[145] Zur Frage der Marginalien und der möglichen Verbindung mit Schreibpraktiken: L. Morenz, Sinai, 2019, 243f.

[146] L. Morenz, Sinai, 2019, 241; kaum ein Zufall scheint, daß sowohl für El als auch für Ba^{c}alat ein Muster der Epithetabildung mit maskulinem *ḏ* und femininem *ḏt* gewählt wurde. Das *ṯ* in der „Gnade" (*ṯb*) scheint mir kein Problem, weil das Tet als ein eigenständiger Buchstabe in den alefbetischen Inschriften aus Serabit el Chadim noch gar nicht belegt ist und in der graphischen Differenzierung gegen das Taw wohl erst in der spätbronzezeitlichen Schriftreform in der Levante in das alefbetische Repertoire gekommen zu sein scheint, L. Morenz, Schriftentwicklung im Kulturkontakt, 2012, 144f. Vielleicht wurden die Lautqualitäten in den *t*-förmigen Lauten einfach noch nicht so stark differenziert.

Hier scheint eine Dimension der persönlichen Gottesbeziehung anzuklingen, und Güte ist ein charakteristischer Zug Els, wie wir ihn auch aus den ugaritischen Texten der Spätbronzezeit gut kennen[147]. Dort steht El in einer Art Hochgott-Komplementarität von Weltferne und Menschennähe. Diese persönlichen Gottesbeziehung nimmt auch die Inschrift des Ben-Sur (S 352, Fig. 31) in Anspruch.

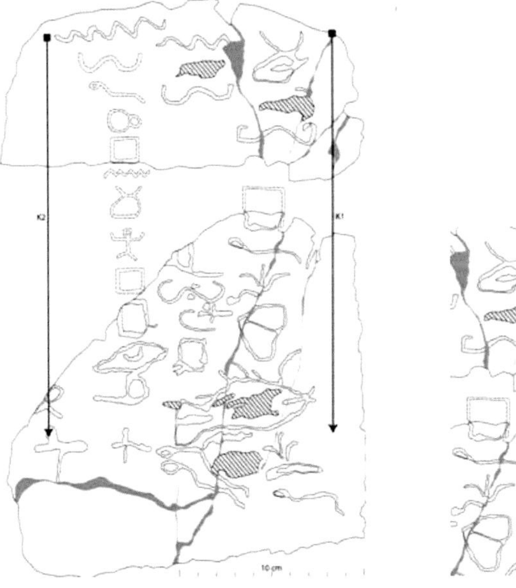

Fig. 31) Felsstele S 352: „El der Gnade, Ben-Sur“

In der rechten Kolumne kann der zweite Buchstabe nach den Spuren plausibel und mit ziemlicher Sicherheit zu einem Luwy (/Lamed) ergänzt werden[148]. Damit kommen wir zu folgender Lesung:

147 Häufig sind in den ugaritischen Texten Bezeichnungen Els als *lṭpn* „der Gütige / Freundliche“ und *d pid* „der des Herzens / Sinns“, wobei letzteres besonders auf den Verstand verweist.

148 Bezüglich der Namensnennung Els ist vergleichend auf die Mineninschrift S 350 (Fig. 11) hinzuweisen, wo sie auch oben rechts und damit am Anfang des Textes steht. Vielleicht können wir diese Gemeinsamkeit als eine Art Proto-Formalisierung in den Inschriften verstehen und jedenfalls mit einer bestimmten Schreibtradition im Gebiet von Serabit el Chadim verbinden.

ʾ⸢l⸣ ṯ(b)[149]
bnsr

El der Gnade,
Ben-Sur.

Hier können wir überlegen, ob in der Lücke unter dem ∽ noch ein Bet ergänzt werden soll, oder ob haplographisch nur ein Bet sowohl für *ṯb* als auch für *bn-sr* stand. Beides scheint im Blick auf die früh-alefbetische Schreibpraxis möglich. Wenn es sich um Haplographie handelt, dann sehen wir eine Verschmelzung des Personennamens mit dem Wort „Gnade“, und das könnte durchaus schriftspielerisch beabsichtigt gewesen sein.

Auf den Personennamen Ben-Sur folgt dann das große Zeichen FISCH nicht etwa als ein konkreter Buchstabe, sondern vielmehr als ein persönlicher nicht-schriftlicher Marker des Ben-Sur[150], während die Zeichen darunter anscheinend einfach nur Wiederholungen aus der Namensschreibung Ben-Sur sind[151]. Epigraphisch und ikonologisch bemerkenswert ist der *Pilzkopf* des Resch, eine für die mittelbronze-zeitliche Elite charakteristische Darstellungsform[152]. Diese Zeichengestaltung zeigt die kulturspezifische figurative Prägung der frühesten Alphabetbuchstaben beispielhaft. Dies stimmt gut mit der kontextuell (Inschriftencluster an

149 In dem beschädigten Raum könnte auch noch ein zweites Bet ergänzt werden.

150 Dieses Nebeneinander von Alef-Bet-Schrift und Marker ist bemerkenswert, L. Morenz, Kultur-Poetik in der Mittelbronzezeit, 2022, 11-42. Dazu gehört auch, daß die Form eines Markers mit einem Buchstaben übereinstimmen kann. Einen FISCH als Marker kennen wir auch von der Inschrift S 526 am Rod el Air, und können auch hier an einen Marker des Ben-Sur denken, L. Morenz, Kultur-Poetik, 2022, 31-33 mit Fig. 19.

151 L. Morenz, Sinai, 2019, 142f.

152 L. Morenz, Medienarchäologische Sondagen, 2021, 98-102.

der Außenwand der Kanaanäermine L) erwartbaren und auch insgesamt epigraphisch plausiblen Datierung dieser Inschrift in die Mittelbronzezeit zusammen.

Der Name Ben-Sur ist aus mehreren früh-alefbetischen Inschriften in Serabit el Chadim bekannt (S 352, 356, 364), und hier scheint tatsächlich eine besondere Beziehung zwischen diesem Mann und dem Gott El mit Betonung des El-Aspektes der Gnade ausgedrückt zu sein, also durchaus eine Art von *Persönlicher Frömmigkeit*.

Neben diesen schriftlichen Zeugnissen können einige Bildwerke aus dem näheren Umkreis von Serabit el Chadim hypothetisch mit El verbunden werden[153]. Vielleicht als Interaktion von (wie die ägyptische Hathor) kuhförmiger Ba^calat und (wie der ägyptische Ptah) menschengestaltigem El kann eine Szene an der mit mehreren Inschriften und Bildern dekorierten Felswand des Gebel Lihyan verstanden werden (Fig. 32)[154]. Im Umfeld dieser Darstellung wurden in früh-alefbetischen Inschriften sowohl El als auch Ba^calat genannt[155]. Die Szene ist angesichts unseres bisherigen Wissensstandes deutungsoffen, zeigt die Interaktion vom MANN (= El?) und KUH(?; = Ba^calat). Sie ist bisher singulär und auch in der Datierung (kanaanäisch oder nabatäisch oder gar noch jünger?[156]) nicht klar. Eine naheliegende Möglichkeit wäre, hierin das kanaanäische Götterpaar El und Ba^calat zu erkennen. Mit solchen Felsbildern wurde jedenfalls die Landschaft im SW-Sinai sakralisiert, und wie wir von den Felswänden am Rod el Air und dem Gebel Lihyan wissen, bereits von den mittelbronzezeitlichen Kanaanäern.

[153] Wie es mit dem eingangs erwähnten Kopflosen auf dem Felsbild am Rod el Air (Fig. 1) steht, läßt sich bisher noch kaum genauer sagen.

[154] L. Morenz, Menschen und Götter, 2014, 71 mit Fig. 47. Dort hatte ich als Möglichkeit die Darstellung eines Kanaanäers erwogen, wobei mir nunmehr aufgrund der Parallelen eine Deutung auf El wahrscheinlicher anmutet.

[155] L. Morenz, Sinai, 2019, 160-164.

[156] An dieser Felswand des Gebel Lihyan können wir zwei zeitlich gestaffelte Inschriftenschichten unterscheiden, eine mit der ägyptischen und den alefbetischen Inschriften auf dem früheren Zweiten Jahrtausend v. Chr., wozu dann noch die Jahrhunderte jüngeren nabatäischen/altarabischen Darstellungen der Kamelreiter und Kamelführer hinzu kamen, L. Morenz, Sinai, 2019, 160f.

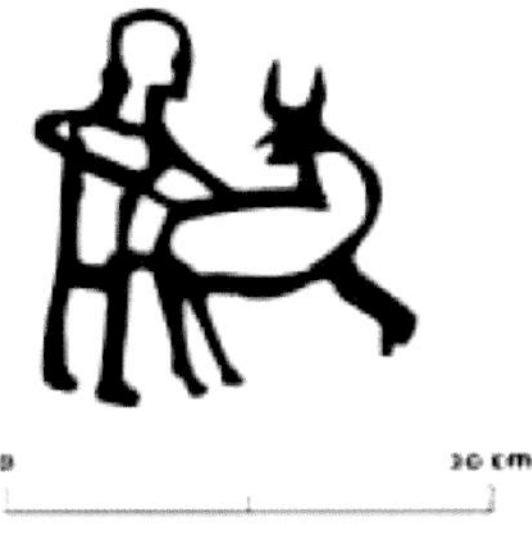

Fig. 32) Anepigraphisches Felsbild vom Gebel Lihyan

Thematisch anzuschließen ist vermutlich ein mit drei Figuren dekorierter Steinsplitter aus der Kanaanäermine M (Fig. 33)[157]. Ikonographisch und stilistisch scheint es sich zwar um ein nichtägyptisches Werk zu handeln, doch sind bestimmte Anlehnungen an ägyptische Bildkonventionen deutlich. Im Blick auch auf den kanaanäischen kulturellen Kontext der Kupfermine M können wir diesen Steinsplitter kulturell vermutlich den Kanaanäern zuschreiben. Das vierbeinige Tier lässt sich im Sinne der früh-alefbetischen Texte (S 346, 353, 375) als (Wild-)Kuh (*ꜣrḫt*) erklären und auf Ba^{c}alat deuten und entsprechend der Mann vielleicht als El

[157] J. Leibovitch, Recent Discoveries, 1940, 108f. Dieses Objekt habe ich noch nicht mit eigenen Augen sehen können. Der Verbleib ist unbekannt, vermutlich Kairo (freundliche Informationen von A. Aja und P. Der Manuelian). Für die Frage der Fundteilung schreibt Peter Der Manuelian in seiner bald erscheinenden Reisner-Biographie (692-93; Dank für die Vorab-Mitteilung per *email* vom 4.8. 2022):
"There were Rotary Club dinners, and a bothersome assignment at the Cairo Museum, where Kirsopp Lake had left Reisner holding the bag to make sense of his most recent Sinai expedition, and to organize the division. Reisner felt he was dealing with a "school-boy list of the antiquities," with photos and numbers and concordance lacking in many places. After three days of labor trying to bring order to the chaos, more than fifteen of the 141 objects still lacked photographs. "I have formed a very low opinion of the archaeological value of [Richard] Starr and [Jaroslav] Černý (Lake's assistants)," Reisner said. Thanks to the shoddy record-keeping, Reisner was in much too weak a position to influence Pierre Lacau on the division, and so the Cairo Museum took all the objects that Lake was coveting; Reisner packed up a small number of objects and shipped them off to the Semitic Museum at Harvard in June".

verstehen[158]. Für eine Deutung der Männergestalt als El ist zum einen auf die Pseudo-Glyphe in der Inschrift S 350 (Fig. 11 und 12) und die Darstellung Els in Ptah-Ikonographie auf der Stele S 351 (Fig. 10a) hinzuweisen. Für die Orientierung des Zeichens an der Ptah-Gestalt kann auf das *wꜣs*-Szepter verwiesen werden, was Ptah nicht nur regelhaft in ägyptischen Darstellungen (etwa das Relief S 124; Fig. 41), sondern auch in der kanaanäischen Darstellung als El-Ptah von der Felsstele S 351 (Fig. 10a) trug. Dabei mag der Falke hier in der Funktion als eine Art kanaanäischer aber ägyptisierender Pseudo-Hieroglyphe bzw. Ägyptogramm, wie wir dies ganz ähnlich von der Stele S 355 (oben Fig. 7b), der Felsinschrift S 350 und der Sphinxinschrift S 345 kennen (oben Fig. 7a), die Kuh als hathorisch-baᶜalatisch ausweisen (Fig. 34). Zumindest mit einer gewissen Wahrscheinlichkeit kann in dieser Bildszene also eine Interaktion der beiden kanaanäischen Götter El(-Ptah) (MANN) und Baᶜalat(-Hathor) (KUH) erkannt werden. Solcherart pseudo-hieroglyphischen Zeichengebrauch kennen wir auch von mutmaßlich kanaanäischen Felsbildern am Rod el Air, insbesondere S 522 und 523[159].

158 Die konkrete Einzeldeutung erscheint zunächst problematisch. So hatte ich in L. Morenz, Sinai, 2019, 265f., den Falken versuchsweise auf El gedeutet und in dem Mann einen Kanaanäer erkennen wollen. Die neue Deutung des Falken als Pseudo-Hieroglyphe für HATHOR-Baᶜalat scheint mir aber aufgrund der Parallelen (Fig. 34b-d) doch plausibel.

159 Diskussion in L. Morenz, Sinai, 2019, 259f.

Fig. 33) Dekorierter Steinsplitter aus der Mine M

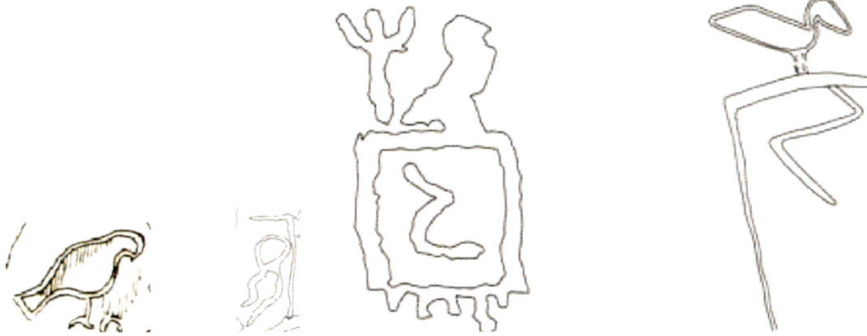

Fig. 34a-d) Die kanaanäische Pseudo-Hieroglyphe FALKE: Detail von dem Steinsplitter Fig. 33; Ausschnitt von Felsstele S 355; Ausschnitt von Sphinxinschrift S 345; Ausschnitt von Felsinschrift S 350

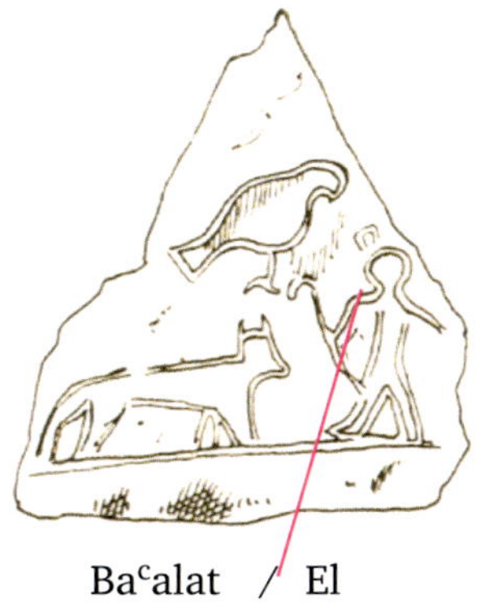

Fig. 35) Steinsplitter (Fig. 33), Interaktion von Ba^{c}alat und El, hier angezeigt durch roten Trennstrich

Mit dieser Deutung der Szene auf dem Steinsplitter als einer Interaktion der kanaanäischen Götter El und Ba^{c}alat (Fig. 35) erhöht sich die Wahrscheinlichkeit einer analogen Interpretation auch für das Felsbild am Gebel Lihyan (oben Fig. 32).

Auch die Inschriften im Minenkomplex L + M zeigen eine besondere Verehrung für El (S 357 und S 358), und wenn wir hier einen besonderen Kultraum für El ansetzen können, mag dieser Steinsplitter damit enger verbunden gewesen sein. Während wir für den Bereich der Minen L und M sogar eine Dominanz von El feststellen können, war doch, wie besonders die Felsstele S 355 und S 350 zeigen, auch hier Ba^{c}alat von einer hohen Bedeutung. Diese Sakralkonstellation sowohl allgemeiner im Gebiet des Hochplateaus von Serabit als auch konkreter an den Minen L und M paßt gut zu der hier erarbeiteten Deutung.

Als ein Bild des El vielleicht in einer levantinischen Ikonographie – und jedenfalls in deutlicher Differenz zu ägyptischen Bildtraditionen – könnte der von der Harvard-Mission im Umkreis des Hathortempels gefundene sog. Kanaanäerkopf aus Serabit el Chadim (Fig. 36) verstanden werden[160]. Er mag in das Mittlere Reich datieren, doch fehlen uns konkretere archäologische Indizien, und gute ikonographische oder stilgeschichtliche Kriterien für einen konkreteren Datierungsansatz sehe ich nicht. Mit Blick auf die nichtplastisch gearbeitete Seitenfläche (Fig. 36c) könnte spekuliert werden, ob es sich hier um eine in der Ansichtigkeit beschränkte Architekturplastik handelte.

Fig. 36a-c) Kanaanäerkopf aus Serabit el Chadim (Kairo JdE 53831) = El?

160 L. Morenz, Sinai, 2019, 29 mit Fig. 5. Dieser Kopf wurde zwar im Kairener Museum lange ziemlich prominent ausgestellt, ist aber trotzdem bisher erst wenig in der Forschung beachtet worden.

Zumindest seit der Spätbronzezeit kennen wir eine bestimmte El-Ikonographie aus der Levante genauer[161], und können in diesem Kopf durchaus eine weniger distinkte Frühform vermuten. Aus der levantinischen Götterikonographie der Spätbronzezeit und der Eisenzeit wissen wir beispielsweise, daß El bärtig dargestellt wurde (was aber natürlich kein Alleinstellungsmerkmal dieses Gottes war).

Hier könnte es sich um ein Bildwerk von den wie der „Bruder des Herrscher von Retjenu Chabi-dadu(m)“ (etwa Stele S 112, und weitere Monumente)[162] aus der Levante nach Serabit el Chadim zur Arbeit in den Kupfer- und Türkisminen (und wohl besonders als Spezialisten für die Kupfergewinnung) gekommenen Kanaanäern handeln, das möglicherweise in einer – uns bisher allerdings erst wenig faßbaren – mittelbronzezeitlichen Bildtradition von Götterdarstellungen stand. Bezüglich der Zuschreibung ist noch einmal an die Differenzierung der Kanaanäer als mehr oder weniger lokalen Beduinen – Stamm der HOHEN, bzw. „He“-Stamm (verkörpert im Buchstaben 𓀠 / 𐤄) – einerseits und aus der Levante angereisten Kooperationspartnern der Ägypter wie Chabi-dadum[163] zu erinnern. Die vermutlich als spezielle Arbeitskräfte der Kupfergewinnung nach Serabit el Chadim gekommenen Levantiner mochten selbst in einer längeren Bildtradition stehen, die lokalen sinaitischen Beduinen vom Stamm der „Hohen“ – „He“-Stamm (𓀠 / 𐤄) – dagegen wohl kaum.

Die Angleichung von El an den ägyptischen Gott Ptah könnte also vielleicht mit den lokalen Beduinen (*He*-Stamm) zu verbinden sein, doch ist diese Annahme nicht zwingend, während die zur ägyptischen alter-

---

161 O. Keel, C. Uehlinger, Göttinnen, *Götter* und Gottessymbole, 1998.

162 Zu dieser historischen Figur: L. Morenz, Die Genese, 2011, 225-242. Die Stele S 355 kann inzwischen anders erklärt werden (L. Morenz, Ein Trigger, 2019, 50-54, und weiter ders., Medienarchäologische Sondagen 2021, 61-63), ist entgegen der Vermutung S. 235f. nicht mit Chabi-dadum zu verbinden, und wir kennen also doch kein alefbetschriftliches Zeugnis von ihm. Immerhin kann aufgrund einer epigraphischen Studie im November 2022 für die Stele S 92 erwogen werden, daß zwei der vier Seiten zwar in Hieroglyphenschrift abgefaßt wurden, aber von einem mit Alef-Bet-Schrift vertrauten Schreiber.

163 L. Morenz, Medienarchäologische Sondagen, 2021, 98-103.

native Ikonographie und Stilistik insbesondere im „Kanaanäerkopf“ mit einer levantinischen Bildtradition zu verbinden sein dürfte.

Um den Versuch einer Darstellung des El könnte es sich auch auf dem bigraphisch sowohl ägyptisch (Lesung: *mṯn.w* – „Wegeführer“[164]) als auch kanaanäisch beschrifteten Steintäfelchen S 375a (Fig. 37) handeln, doch sind die bildlichen Spuren viel zu unausgeprägt, um in diesem Fall zu einem konkreteren Deutungsvorschlag zu kommen[165]. Immerhin ist der Ansatz zu einer menschlichen Gestalt deutlich erkennbar, und ebenso, daß er hier nicht weiter ausgeführt wurde. El(-Ptah) wäre jedenfalls eine nicht unplausible Möglichkeit.

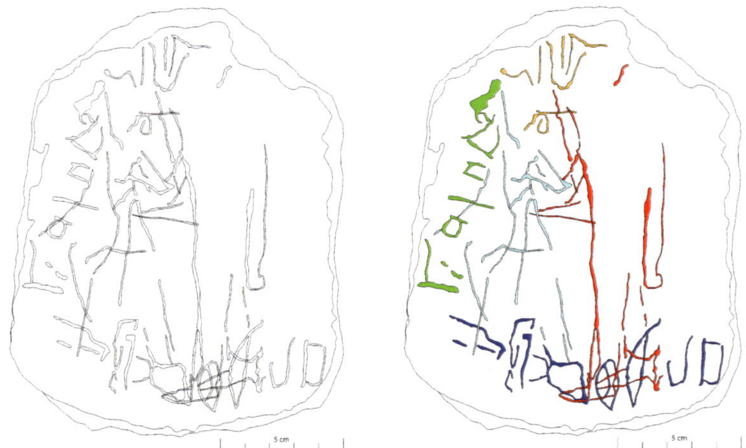

Fig. 37) Steintäfelchen S 375a; Bild- und Schriftschichten farblich markiert, anthropomorphe Gestalt in rot

Eine weitere Darstellung von El als Mann kann in einem Felsbild aus Rod el Air (S 507) vermutet werden, wo die in einem ganz anders als die ihr gegenüberstehende ägyptische Figur des Aufwärters Gebu[166] gearbeitete

[164] L. Morenz, Sinai, 2019, 209.

[165] Diskussion in L. Morenz, Sinai, 2019, 207-215.

[166] Diese Person ist an der Felswand von Rod el Air noch ein zweites Mal genannt, L. Morenz, Sinai, 2019, 58f. mit Fig. 18 und 172-178.

Menschengestalt als ikonographisches Charakteristikum einen Bogen hält (Fig. 38)[167].

Fig. 38a und b) Felsbild aus Rod el Air (S 507), kanaanäisch-alefbetische Inschrift in grün markiert; Detail: mutmaßlicher El, bezeichnet als *mṯ* - „Herr“

Wenn wir nun dem uns unbekannten Gestalter dieser im Bezug auf das ägyptische Felsbild sekundären Inschrift den Gebrauch von Visueller Poesie in Alef-Bet-Schrift zutrauen wollen[168], könnte hier in einer Verbindung des Bildes BOGEN (= bogenförmiger Buchstabe *ṯ*: ∽) und der Zickzack-Linie (= Buchstabe *m* = 〰) *mṯ* gelesen werden, und dies war ein gängiges Epitheton des El. So wird das Bild eng mit der Schrift verknüpft. Dazu kommen die drei nicht-hieroglyphischen Zeichen über dem Mann mit Stab, die kanaanäisch-alefbetschriftlich als *k ꜣr* gelesen werden können. Damit ergibt sich insgesamt die Lesung 〰∽ Ψ ŎEΠ = *mṯ k ꜣr* – „der HERR (= El) ist wie Licht“ –[169], und hierin kann ein Epitheton des Gottes El gesehen werden. Im Blick auf deutlich visuell-poetische Schreibungen

167 L. Morenz, Sinai, 2019, 172-178; die neue Deutung von *mṯ* als Epitheton des El verschiebt die dort erarbeitete Interpretation etwas und stärkt sie sogar.

168 Die Buchstaben Kap, Alef und Resch links oben sind gut auszumachen und korrespondieren mit der ägyptischen Inschrift. An seltsamer Stelle unter dem Rock des Gebu und isoliert platziert ist das Zeichen *m*. Es gehört nicht zur hieroglyphischen Inschrift, kann aber gut nicht nur als hieroglyphisches *n*, sondern ebenso als alefbetisches *m* erklärt werden und mag die Fortschreibung durch einen Kanaanäer anzeigen.

169 Zu dieser Phraseologie vgl. die Mineninschrift S 357.

in anderen früh-alefbetischen Inschriften aus Serabit el Chadim[170] samt der Praxis der Fortschreibung vorgefundener Inschriften[171] scheint mir diese Option erwägenswert, zumal (anscheinend nur) auf diese Weise wirklich alle Bilder und Zeichen dieser Szene erklärt werden können[172]. Bis zum Ansatz einer besseren Lösung bleibe es bei dieser Vermutung.

Sowenig wir diese bildlichen Zeugnisse auch unterschätzen sollten, fällt doch auf und scheint bemerkenswert, daß wir deutlich mehr Fälle von schriftlicher Nennung Els als von seiner bildlichen Darstellung kennen. Dies gilt analog auch für die Göttin Ba^{c}alat[173]. Vielleicht sollten wir also gewiß nicht mit einem Bildtabu bei den Kanaanäern im SW-Sinai, aber doch mit einer gewissen Scheu in der Bildpraxis rechnen[174].

Vielleicht ist der semitische Gottesname El auch in den ägyptischen Inschriften des Mittleren Reichs aus Serabit el Chadim erwähnt. Ein möglicher Kandidat dafür wäre vielleicht die Inschrift auf der großen Expeditionsstele S 85 (Fig. 39)[175].

Fig. 39) Ausschnitt von der Steleninschrift S 85, Name mit dem theophoren Element El?

[170] L. Morenz, Kultur-Poetik in der Mittelbronzezeit, 2022; ders., Carmina Figurata, i.V.

[171] Eine Untersuchung dazu bereitet David Sabel vor.

[172] Hier ist wiederum David Sabel für die detailgenaue Aufnahme dieses Segments der Felswand von Rod el Air zu danken. Dabei ist auch das an der Felswand deutliche *m* unter dem Schurz des Gebu neu hinzugekommen.

[173] Diskussion in L. Morenz, Carmina figurata, i. V.

[174] Zur Erklärung könnten wir persönliche Frömmigkeit und einen persönlichen Gott erwägen, was in der alttestamentlichen Wissenschaft stärker diskutiert wird, gerade auch mit Blick auf die frühen JHWH-Darstellungen insbesondere aus Kuntillet ^{c}Ajrud (Z. Meshel, Kuntillet ^{c}Ajrud, 2012; zur Deutung etwa A. Lemaire, The Kuntillet ^{c}Ajrud Inscriptions, 2016). Auf diese Problematik soll hier nur *en passant* hingewiesen werden.

[175] L. Morenz, Kultur-Poetik in der Mittelbronzezeit, 2022; zu ägyptischen Schreibweisen des Gottesnamens El: J. Hoch, Semitic Words, 1994, 27f., Eintrag 16.

Hier handelt es sich um einen an die in diesen ägyptischen Inschriften des Mittleren Reiches verbreitete Bezeichnung *ḥrj-pr* „*He*“(-Stamm)[176] anschließenden Personennamen, vielleicht abgekürzt (X)-El? Diese Interpretation bleibt aber sehr hypothetisch, und nur ein Gottesname ohne ein weiteres Element schiene als Eigenname doch ungewöhnlicher.

Aus diesen textlichen und bildlichen Quellen können wir durchaus Spuren einer Kanaanäer-Mythologie in Serabit el Chadim während der Mittelbronze-Zeit erschließen. Dazu gehört nicht zuletzt, daß anders als ihre ägyptischen „Paten“ Hathor und Ptah – vielleicht in einem interkulturellen Mißverständnis der Kanaanäer und jedenfalls in einer schöpferischen Reinterpretation – die Götter El und Ba^{c}alat als ein Götterpaar konzipiert wurden. Tatsächlich wurde ja in einigen der hier besprochenen Texte die Vaterrolle für El (*ꜣb*) und die Mutterrolle für Ba^{c}alat (*ꜣm*) herausgestellt. Damit wird uns eine mythologische Konstellation erkennbar, und wir können mit einer diese Konstellation weiterspinnenden, differenzierenden Mythologie rechnen. Ob diese allerdings verschriftlicht wurde, scheint nicht einmal besonders wahrscheinlich, können wir doch mit einer medialen Symbiose von mündlichem Erzählen und nur punktueller Monumentalisierung im Schrift-Bild rechnen.

In einer Art mit der Schriftschöpfung in Serabit el Chadim zu verbindenden möglichen aber hypothetischen Schriftmystik könnte weiterhin überlegt werden, ob es nur ein Zufall war, daß ausgerechnet der Name des Gottes El – [illegible] – mit dem in seiner Symbolik hathorisch-ba^{c}alatisch geprägten Kuhkopf-Alef ([illegible]) geschrieben wurde, oder ob damit in visueller Rhetorik mittels Überblendung der Phonographie mit ikonischer Indexikalität vielleicht sogar eine Sinnbeziehung zwischen diesen beiden Gottheiten ausgedrückt werden sollte. Für diese Annahme ist die Hypothese ins Feld zu führen, daß die Entstehung der Alef-Bet-Schrift im Horizont der sakro-sozialen Dynamik doch wohl wesentlich und speziell mit

---

176 Diskussion in L. Morenz, Medienarchäologische Sondagen, 2021, 31-43.

dem Interesse an der Schreibung der Gottesnamen El und Ba^calat verbunden war[177]. In der Kombination von „evolution of simplicity“ und „conspicious communication“ darf mit einer besonderen „hieroglyphischen“ Sinnaufladung der alefbetischen Schreibung dieser beiden Gottesnamen El und Ba^{c}alat gerechnet werden.

Wir können also nicht nur eine einfache kanaanäische Adaption sondern zugleich auch eine Fortschreibung der ägyptischen Götter im Sinne von eigener kanaanäischer kultureller Identität erkennen. Dabei spielten die Götter und die von den Kanaanäern ausgehende interkulturelle Göttergleichung[178] eine wesentliche Rolle als Trigger der Alef-Bet-Schrift und Entwicklung einer Bildwelt. Medien- und Mentalitätsgeschichte erweisen sich im mittelbronzezeitlichen Serabit el Chadim als im Horizont der beiden Gottheiten El und Ba^{c}alat bemerkenswert eng miteinander verbunden und aufeinander bezogen.

---

[177] Analog dazu kann auch erwogen werden, daß die ersten beiden Zeichen des Gottesnamens Ba^{c}alat auf den Tempel/Mine (Bet-HAUS) und das SEHEN (Ayin-Auge) verweisen (Diskussion in L. Morenz, Medienarchäologische Sondagen, 2021, 71f.) und zudem das Bet an die ägyptische Hathor-Schreibung erinnert, sofern beide Gottesnamen prominent mit einem Hauszeichen geschrieben sind (L. Morenz, Medienarchäologische Sondagen, 2021, 72). Die Buchstaben der Alef-Bet-Schrift wurden zwar in den Inschriften als Kodierungen des Lautwertes gebraucht, doch können wir vermuten, daß gerade am Anfang die Gottesnamen Ba^{c}alat und El geschrieben wurden und die Auswahl der Zeichen gerade auf diese Wörter hin geprägt war (L. Morenz, Medienarchäologische Sondagen, 2021, 68-75, dazu auch 76-81). So wenig diese Annahme zu „beweisen“ sein wird, steckt darin m. E. zumindest eine gewisse Plausibilität. Jedenfalls kommen wir doch archäologisch erstaunlich dicht an die Anfänge dieser Schrift heran und damit auch zu begründeten Spekulationen über Schöpfungsprozesse.

[178] L. Morenz, Ein Trigger, 2019.

III.) Els Spuren im Alef-Bet

Im Zeicheninventar der frühen Alef-Bet-Schrift wirkt eine besondere indexikalische Ikonizität im Buchstabeninventar selbst, und sie war unabhängig vom rein phonographischen Gebrauch in den konkreten Inschriften. Schriftgeschichtlich ist dabei sowohl die ikonische Motiviertheit als auch der genau im Vergleich damit so überraschend radikal abgespeckte phonozentrische Gebrauch in den jeweiligen Inschriften bemerkenswert.

Neben und wohl noch vor den Autoreferenzen der Kanaanäer (lokaler nomadischer *He*-Stamm im Buchstaben 𓀠 / 𓀢 und mittelbronzezeitliche Elite im Resch 𓁶, erkennbar am Pilzkopf)[179] sind die beiden kanaanäischen Götter Ba^{c}alat und El ikonisch im alefbetischen Zeicheninventar visuell präsent. Was für Ba^{c}alat im Alef-KUHKOPF (𓃾) deutlich ist[180], soll im Folgenden für El ausgeführt werden, und zwar in drei Aspekten.

Visuell bemerkenswert an der Schreibung von El als 𓃾ᘓ ist der „ba^{c}alatische" KUHKOPF, wird doch die phonographische Schreibung des Gottesnamens so visuell mit einer Ba^{c}alat-Assoziation überblendet. Dieses Zusammenspiel von Name und Zeichenassoziation wiederum deutet zumindest supplementär auf die Vorstellung von dem serabitischen Götterpaar El und Ba^{c}alat.

Der Beginn der Buchstaben-Liste des kompletten Zeicheninventars als Alef-Bet kann als eine Kombination der beiden „Initialen" von El (𓃾ᘓ = *ȝl*) und Ba^{c}alat (𓉐𓁹ᘓX = *bˁlt*) verstanden werden. Auch diese Assoziation scheint mir nicht nur möglich, sondern sogar wahrscheinlich. Demnach wird auch auf diesem supplementär visuellem Wege auf das serabitische Götterpaar El und Ba^{c}alat Bezug genommen.

Das in der Buchstaben-Liste als eine Art *Incipit* lesbare Akronym Alef-Bet hat die konkrete Bedeutung *ȝb* – „Vater" –, und dies war ein gängiges Epitheton, wie wir es konkret von den Inschriften S 381 und 380 (Fig.

[179] L. Morenz, Medienarchäologische Sondagen, 2021, 31-43 und 98-102.

[180] L. Morenz, Sinai, 2019, 105-109; zuletzt S. Wimmer, Warum Alef, i.Dr.

16 und 14) eben für El kennen. Zudem korrespondiert es mit dem baʿalatischen Epitheton *ꜣm* – „Mutter“ – in der Inschrift S 377 (Fig. 17). Die Vorstellung von El und Baʿalat zeigt sich also nicht nur in den Inschriften und den Bildern, sondern sogar im Alef-Bet selbst.

Der Alef-Kuhkopf – ♉ – hat über das Vorbild der kuhgehörnten Hathor eine hohe figurative Ikonizität für Baʿalat. Eine Zeichen-Entsprechung dafür gibt es für El nicht, vermutlich weil keine zu Hathor-Baʿalat vergleichbare distinkte Ikonographie für ihn entwickelt worden war. In der semiotischen Aufladung der Buchstaben dürfte also Hathor-Baʿalat vorangegangen sein, und daran schloß dann eine figurativ abgeschwächte, stärker unsinnliche ikonische Indexikalität für El an. Dies zeigt sich ganz analog auch bei der Felsstele S 350 in der Pseudo-Hieroglyphe für El-PTAH, die weniger ausgeprägt ist (und bildlich unsicherer wirkt) als die für Baʿalat-HATHOR (Fig. 11).

Die früh-alefbetischen Inschriften waren dezidiert sakralen Charakters, und genau diese sakrale Dimension mit einem besonderen Bezug auf das serabitische Götterpaar El und Baʿalat zeigt sich eben im Alef-Bet. So fällt Licht auf die Schöpfung dieser phonozentrisch radikal vereinfachten Schrift, in der doch zugleich das bildliche Potential wirkte und offenbar überlegt in einer visuellen Rhetorik gebraucht wurde. Dieser semiotisch aufgeladene Ursprung schließt ein, daß auch das Alef wie ein reiner Buchstabe phonozentrisch gebraucht werden konnte. Zugleich mochte im sakral motivierten Zeicheninventar und insbesondere dem ♉ durchaus eine Inspiration für die *Carmina figurata* in Form eben des Kuhkopfes (S 358 und S 377) gesehen worden sein, und in der Inschrift S 358 wurde El sekundär und in einer unsinnlichen Ähnlichkeit daran angeschlossen (oben Fig. 25).

Das Reich der Zeichen mag unauslotbar tief scheinen, doch ist die vielschichtige Inszenierung von El wie in der Buchstabenfolge Alef – Bet, die ikonische Überblendung seiner Namensschreibung mit dem baʿalatischen Kuhkopf – ♉℮ –, die visuelle Inszenierung in der Schriftbildlichkeit (Mineninschrift S 358) und auch die rein bildliche Darstellung bemerkenswert – also Schrift und Bild im multimodalen Wechselspiel *ad maiorem dei gloriam*.

Ausblick und Anschlußfragen

Auffällig und bemerkenswert sind trotz ihrer phonographischen Funktion starke bild-schrift-spielerische Komponenten in dieser frühen Alef-Bet-Schrift. Sie fungierte aber nicht etwa als ein freies Spiel (*l'art pour l'art*), sondern sind vielmehr im sakralen Feld eingebunden und zweckorientiert – und zwar insbesondere zur visuellen Inszenierung der beiden Götter Baᶜalat und El[181]. Ob die Kanaanäer in Serabit noch andere „Götter" – für die es eben keine ägyptischen Äquivalente und daher keinen Grund gab, sie bildschriftlich zu zeigen – verehrten, bleibt eine Möglichkeit, über die wir zwar spekulieren, die wir aber nicht überprüfen können. Ein möglicher Kandidat mit gewisser archäologischer Faßbarkeit wäre der Typus „Massebe" (מַצֵּבָה)[182], doch bleiben diese in Bestimmung und Datierung sehr unsicher.

Die Ausprägung der Göttergestalt El war eine wichtige Entwicklung auch für die sozio-kulturelle Identität der Kanaanäer im mittelbronzezeitlichen Serabit el Chadim. In der kulturellen Dynamik des religiösen Denkens mögen El und Baᶜalat auch als kulturelle Bindung zwischen dem sinaitischen „He"-Stamm und den levantinischen Kanaanäern in Serabit el Chadim[183] gewirkt haben. Da keine Priestertitel von den Kanaanäern aus Serabit el Chadim bekannt sind, dürfte vermutlich keine spezifisch ausgeprägte Sakralelite existiert haben, jedenfalls keine in den Inschriften erkennbaren „beruflichen" Priester. Die Inschriften bieten auch keine Hinweise auf schriftlich abgefaßte Mythen, so sehr in der Attribuierung von El als „Vater" (*ꜣb*) und von Baᶜalat als „Mutter" (*ꜣm*) auch ein mythologisches Potential steckt. Dabei ergibt sich gerade im Blick auf El ein kohärentes Bild, an das spätere Quellen wie etwa in den Mythen aus

---

[181] Freier scheint dagegen die Inszenierung des Personennamens *ꜣdꜣ* in der Felsinschrift S 376 am Gebel Lihyan, L. Morenz, Sinai, 2019, 161f. Allerdings sollte der Memorialaspekt in seiner Sakralität auch nicht unterschätzt werden.

[182] Als selbstverständlich angesetzt bei W.M. Flinders Petrie, Researches, 1906.

[183] Zu dieser Differenzierung L. Morenz, Medienarchäologische Sondagen, 2021, 31-43.

dem spätbronzezeitlichen Ugarit oder der Hebräischen Bibel sehr direkt anschließen und zu der Eingangsfrage nach *einem* El gehören.

Im Anschluß an die Ausbreitung der Alef-Bet-Schrift in die Levante[184] ab etwa der Mitte des Zweiten Jahrtausends v. Chr. fragt sich, wie weit Darstellungen von „Ptah" auf den mittel- und spätbronzezeitlichen Siegeln der Levante[185] vielleicht als eine Art „El" zu verstehen sein könnten.

Systematisch betrachtet steht die Frage nach dem Überbegriff „Gott" und entsprechender Abstraktion, also in der Differenz „El" versus „el". Im Falle des El in Serabit el Chadim lief die Entwicklung anscheinend in ihrer Tendenz vom allgemeineren Begriff „Gott" („el") hin zu einer personalen Spezifizierung („El") im Anschluß an den ägyptischen Ptah[186]. Wenn „el" und „El" in der semitischen Sprachwelt gleich lauten, besteht im Blick auf den Abstraktionsgrad eine interessante Familienähnlichkeit zum Monotheismus[187]. Als eine offene Frage steht damit auch, wie weit „el" in „El" präsent war und umgekehrt. Nun war im mittelbronzezeitlichen Serabit el Chadim El mit Ba^calat zu einem Götterpaar verbunden. Wenn auch in einer Inschrift (S 527) anscheinend die Göttin Anat genannt ist[188], scheinen die Kanaanäer auf dem Hochplateau von Serabit el Chadim ihre Verehrung jedenfalls während der Mittel- und wohl auch während der Spätbronzezeit auf das Götterpaar El (*ꜣb* – „Vater") und Ba^calat (*ꜣm* –

[184] L. Morenz, Medienarchäologische Sondagen, 2021, 93-97.

[185] O. Keel, Der ägyptische Gott Ptah auf Siegelamuletten, 1989.

[186] Hier ist an die alte religionsgeschichtliche These zu erinnern, die G. van der Leeuw, vielzitiert, auf den Punkt brachte: „Gott ist ein Spätling in der Religionsgeschichte", Phänomenologie, 1956, 103. Diese Aussage ist aber zumindest stark zu relativieren, und stärker personhafte Götter können wir bereits seit dem frühen vorderasiatischen Neolithikum fassen (L. Morenz, Göbeklis Götter, 2021).

[187] Gerade im Blick auf diesen konkreten Fall und auf die Bedeutung Els auch in der Religionsgeschichte Israels können wir erwägen, ob diese Lexik/Semantik „Gottes" eine Voraussetzung für die allmähliche und graduelle Herausbildung des Monotheismus' in der ersten Hälfte des Ersten Jahrtausends v. Chr. in Israel bildete.

[188] E.A. Knauf, Eine altkanaanäische Inschrift, 1984; dazu L. Morenz, Sinai, 2019, 185. Diese Göttin war in der ugaritischen Mythologie als eine Tochter mit El verbunden (KTU I.3 V 19-29 [KTU III/6, 1148]; 1.18 I 7-20 [TUAT III/6, 1277]), und ein solcher Sinnbezug könnte ihre Präsenz auch im Gebiet von Serabit el Chadim erklären. Allerdings handelt es sich um einen vereinzelten Beleg, der mit entsprechender Vorsicht behandelt werden sollte.

„Mutter") konzentriert zu haben – zwar kein Monotheismus, aber doch eine im Blick auf die Göttervielfalt stark reduzierte und konzentrierte Religion mit zwei klaren Hauptgöttern in den mythologischen Rollen von Vater und Mutter.

Im Sinne des interkulturellen Kontaktes ist weiterhin zu fragen, wie die mittelbronzezeitlichen Kanaanäer in Serabit el Chadim die ägyptische Religion, wie sie ihnen besonders in Architektur, Bild und Schrift des Hathortempels aber auch diversen Hymnen[189], Riten – nicht zuletzt den feierlichen Mineneröffnungen (zu Bild und Schrift geronnen verdauert etwa auf dem Bild-Text S 56 am Mineneingang der Mine D, Fig. 40)[190] – usw. begegnete, wahrnahmen. Ein besonderer Zeuge der sakralen Festlichkeit ist die Stele S 91 (Fig. 41), auf der ein Festkalender eines sich über mehrere Tage hinziehenden Festes mit dem Höhepunkt eines Kuhopfers geschrieben steht[191].

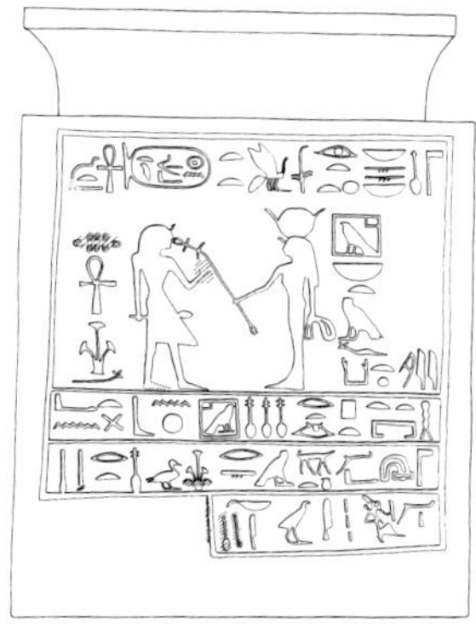

Fig. 40) Bild-Text S 56 am Eingang der Mine D

[189] Zusammenfassend zum Kulthymnus von Serabit: L. Morenz, Sinai, 2019, 56f.
[190] L. Morenz, Sinai, 2019, 62f. mit Fig. 20.
[191] L. Morenz, Das Hochplateau, 2014, 166-168.

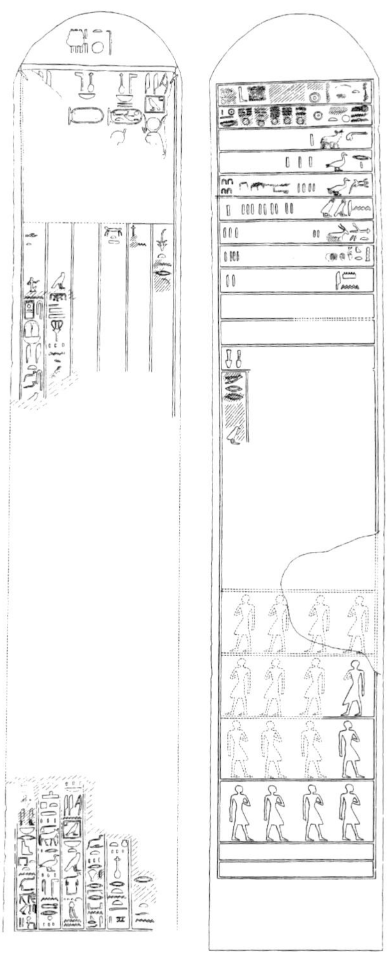

Fig. 41) Stele S 91 mit Festkalender (Teilrekonstruktion D. Sabel)

Das Hochplateau von Serabit el Chadim war ägyptischerseits im Zweiten Jahrtausend v. Chr. stark von der Göttin Hathor dominiert; seinen Kern bildete der Hathortempel und dessen Glutkern wiederum das Sanktuar[192]. Dem war in Bild und Architektur Ptah nachgeordnet. Hinzu kommt, daß Hathor und Ptah wie auf dem Relief S 124 (Fig. 42)[193] mehrfach in einer Interaktion gezeigt wurden.

---

192 L. Morenz, Das Hochplateau, 2014, 83-140.

193 Mehrfach diskutiert, zuletzt L. Morenz, Sinai, 2019, 56.

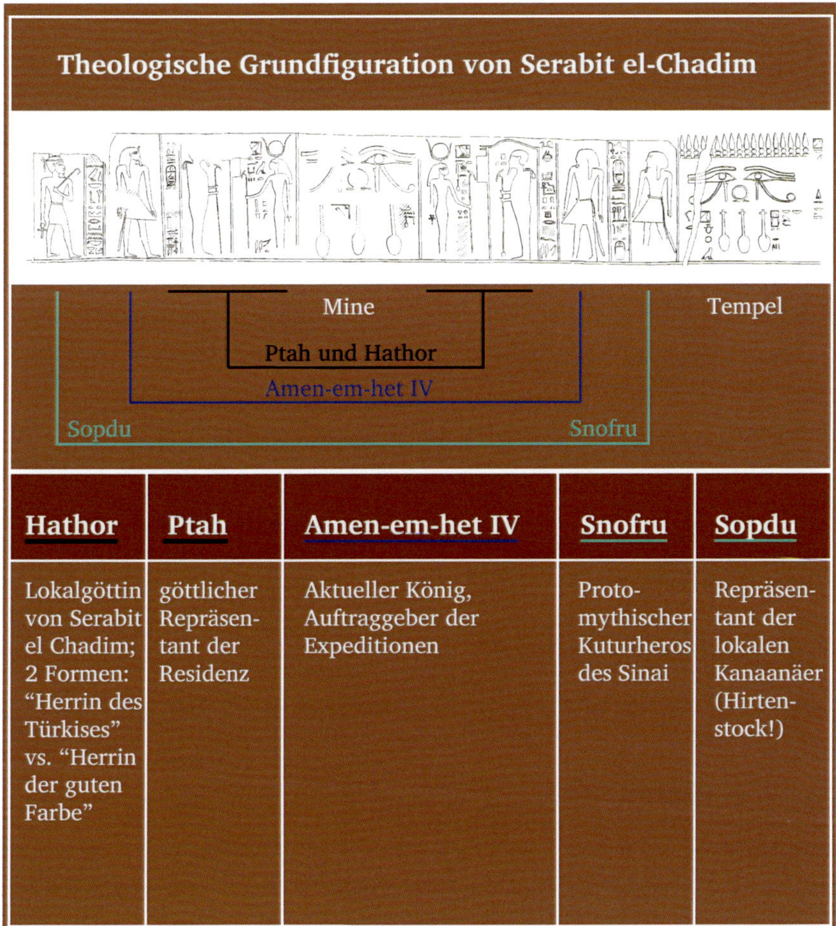

Fig. 42) Sakralfries S 124; zeigt die theologische Grundkonstellation von Serabit el Chadim

Eben dies könnte kanaanäische Augen Hathor und Ptah als das besondere und spezifische ägyptische Götterpaar von Serabit el Chadim sehen gelassen haben. Wahrscheinlich verstanden die Kanaanäer die ägyptischen Götter kaum einfach nur als Mitglieder einer polytheistischen Religion, sondern mögen Hathor und Ptah vielmehr als das dominierende Götterpaar, wenn nicht die einzigen Götter (der Ägypter) überhaupt, verstanden haben. So wurde das kanaanäische Götterpaar El und Ba^calat in einer bemerkenswerten interkulturellen Transformation des ägyptischen Götter-„Paares“ Hathor und Ptah gestaltet. Ausgedrückt wurde dies nicht zuletzt im *elischen* Epitheton = *mꜣhb bˁlt* – „Geliebter der Ba[c]alat“.

So erweist sich der Gott El im mittelbronzezeitlichen Serabit el Chadim als ein Kernpunkt sakralen Denkens sowie, eng damit verbunden, bildlichen und schriftlichen Darstellens. Für ihn wurde im Minenkomplex L + M anscheinend sogar ein eigener Sakralort gestaltet. Mit dieser Perspektive gewinnen wir doch einige gute Einblicke in die Denk- und Vorstellungswelt der mittelbronzezeitlichen Kanaanäer im SW-Sinai, die vielleicht sogar Fernwirkungen auf Mythologie und Religion von Ugarit und Hebräischer Bibel gehabt haben könnte, und damit – wie ganz deutlich bei der Alef-Bet-Schrift / Alphabetschrift – auch noch weiter bis in unsere Gegenwart und Zukunft wirkt.

Index

Früh-alefbetische Inschriften

S 345 33, 34, 40, 43, 44, 59, 72, 73
S 346 64, 71
S 347 66
S 350 20, 33, 34, 39, 41-47, 55, 68, 72-74, 82
S 351 17, 20, 25, 40, 41, 55, 56, 72
S 352 68, 70
S 353 67
S 354 61
S 355 34, 72-75
S 356 70
S 357 12, 49, 52, 53, 63, 74, 77
S 358 12, 25, 26, 47, 49, 52, 54, 58, 59, 61-66, 74, 82
S 360 67
S 361 47, 67
S 364 70
S 374 56
S 375a 71, 76
S 376 49, 57, 59, 64, 83
S 377 48-52, 82
S 380 48, 49, 52, 81
S 381 11, 46, 47, 52, 81
S 387 + 388 58, 59
S 507 76, 77

Bibliographie

W.F. Albright, Notes on Early Hebrew and Aramaic Inscriptions, in: JPOS 6, 1926, 75-102

W.F. Albright, Rezension von Altsinaitische Forschungen. Epigraphisches und Historisches, Paderborn 1937, in: JQR 28, 1937-1938, 333-335

W.F. Albright, The Protosinaitic Inscriptions and their Decipherment, Oxford 1966, 1969[2]

A. Alt, Der Gott der Väter. Ein Beitrag zur Vorgeschichte der israelitischen Religion (= Beiträge zur Wissenschaft vom Alten und Neuen Testament 3,12), Stuttgart 1929

J. Assmann, Translating gods: Religion as a factor of cultural (un)translatability, in: S. Budick, W. Iser (Hg.), Translatability of Cultures. Figurations of the Space Between, Stanford 1996, 25-36

I. Beith Arieh, Investigations in Mine L, in: Tel Aviv 5, 1978, 175-182

E. Blum, Die Kombination I der Wandinschrift vom Tell Deir̄ Alla. Vorschläge zur Rekonstruktion mit historisch-kritischen Anmerkungen, in: I. Kottsieper, R. Schmitt, J. Wöhrle (Hg.), Berührungspunkte. Studien zur Sozial- und Religionsgeschichte Israels und seiner Umwelt. FS Rainer Albertz, Münster 2008, 573-601

H. Bonnet, Zum Verständnis des Synkretismus, in: ZÄS 75, 1939, 40-52

H. Bonnet, Reallexikon der ägyptischen Religionsgeschichte, Berlin 1952

P. Bordreuil, D. Pardee, A Manual of Ugaritic Linguistic Studies in Ancient West Semitic - LSAWS 3, Winona Lake 2009

F. Breyer, Ägyptische Namen und Wörter im Alten Testament, ÄAT 93, Münster 2019

F.M. Cross, The Evolution of the Protocanaanite Alphabet, in: BASOR 134, 1954, 15-24

F.M. Cross, The Origin and Early Evolution of the Alphabet (1967), wieder abgedruckt in: ders., Leaves From an Epigrapher's Notebook:

Collected Papers in Hebrew and West Semitic Palaeography and Epigraphy, Harvard Semitic Studies 51, Boston 2003, 317-329

J.C. Darnell, F.W. Dobbs-Allsopp, M.J. Lundberg, P.K. McCarter, B. Zuckerman, Two Early Alphabetic Inscriptions from the Wadi el-Hôl. New Evidence for the Origin of the Alphabet from the Western Desert of Egypt, ASOR 59, Boston 2005

P. Derchain, Akephalos, in: LÄ I, 1975, 114

M. Dietrich, O.Loretz, Das ugaritische Gottesattribut ḥrš „Weiser, handwerklich Tüchtiger", in: UF 31, 1999, 164-173

M. Dietrich, O. Loretz, Die Wohnorte Els nach Ugarit- und Bibelstellen, in: UF 29, 1997, 123-149

J.-M. Durand, La situation historique des Šakkanakku, in: Mari 5, 1985, 147-172

U. Eco, Die Grenzen der Interpretation, München 1987

D.O. Edzard, Gudea and His Dynasty, Royal inscriptions of Mesopotamia, Toronto 1997

O. Eissfeld, El im ugaritischen Pantheon, Berlin 1951

N. Eßbach, Ägypten und Ugarit. Kulturkontakte und die Folgen, AOAT 499, Münster 2021

A.D. Espinel, The Role of the Temple of Ba'alat Gebal as Intermediary between Egypt and Byblos during the Old Kingdom, in: SAK 30, 2002, 103-119

F. Feder, H. Hays, L. Morenz (Hg.), Interpretations of Sinuhe, Egyptologische Uitgaven 27, Leiden 2014

H.G. Fischer, Old Kingdom Cylinder Seals for the Lower Classes, in: Metropolitan Museum Journal 6, 1972, 5-16

M. Fitzenreiter, Neues vom Netscher, in: M. C. Flossmann-Schütze et alii (Hg.), Kleine Götter – Grosse Götter. Festschrift für Dieter Kessler zum 65. Geburtstag, Tuna el-Gebel 4, München 2013, 131-143

M. Fitzenreiter, Wie gibt es „Gott" im pharaonischen Ägypten? Oder: Grammatologie und Praxis eines Konzeptes und seiner Epoche (Neues vom Netscher, Teil II), in: M. Fitzenreiter, Allerhand Kleinigkeiten, IBAES 20, London 2018, 77-87

A.H. Gardiner, The Egyptian Origin of the Semitic Alphabet, in: JEA 3, 1916, 1-16

R. Giveon, Les Bedouins des Shasu des Documents Egyptiens, Leiden 1971

O. Goldwasser, From the Iconic to the Linear. The Egyptian Scribes of Lachish and the Modification of the Early Alphabet in the Late Bronze Age, in: I. Finkelstein, C. Robin, T. Römer (Hg.), Alphabets, Texts and Artefacts in the Ancient Near East, Studies presented to Benjamin Sass, Paris 2016, 118-160

O. Goldwasser, The Early Alphabetic Inscriptions Found by the Shrine of Hathor at Serabit el-Khadem: Palaeography, Materiality, and Agency, in: IEJ 72, 2022, 14-48

H. Grimme, Die altsinaitischen Buchstabeninschriften, Berlin 1929

H. Grimme, Altsinaitische Forschungen, Paderborn 1937

J.A. Hacket, The Balaam Text from Tell Deir ᶜAllā, Harvard Semitic Monographs 31, Chico, Cal. 1984

G. Hamilton, The Origins of the West Semitic Alphabet in Egyptian Scripts, The Catholic Biblical Quarterly Monograph Series 40, Washington, D.C. 2006

S. Hermann, Geschichte Israels in alttestamentlicher Zeit, Berlin 1983

H. Hirsch, Gott der Väter, in: AfO 21, 1966, 56-58

J. Hoch, Semitic Words in Egyptian Texts of the New Kingdom and Third Intermediate Period. Princeton, New Jersey, 1994

F. Höflmeier et alii, Early Alphabetic Writing in the Ancient Near East: The 'Missing Link' from Tel Lachish, in: Antiquity 95, 2021, 705-719

H. Hoffner, Hittite Myths (SBL.WAW), Atlanta, Georgia, 2. Aufl. 1998

S. Huntington, The Clash of Civilizations and the Remaking of World Order, New York 1996

O. Keel, Der ägyptische Gott Ptah auf Siegelamuletten aus Palästina/Israel. Einige Gesetzmässigkeiten bei der Übernahme von Motiven der Grosskunst auf Miniaturbildträger, in: O. Keel, H. Keel-Leu, S.

Schroer (Hg.), Studien zu den Stempelsiegeln aus Palästina/Israel II (OBO 88), Fribourg und Göttingen 1989, 281-323

O. Keel, C. Uehlinger, Göttinnen, Götter und Gottessymbole. Neue Erkenntnisse zur Religionsgeschichte Kanaans und Israels aufgrund bislang unerschlossener ikonographischer Quellen, Fribourg 1998

E.A. Knauf, Eine altkanaanäische Inschrift aus Rod el-Air: Sinai 527, in: GM 70, 1984, 33-36

I. Koch, Colonial Encounters in Southwest Canaan during the Late Bronze Age and the Early Iron Age, Boston 2021

K. Koch, Der Gott Israels und die Götter des Orients – Religionsgeschichtliche Studien II, Göttingen 2006

S. Konert, L. Morenz, S. Weil, Skarabäen des späten Mittleren Reichs und der Hyksoszeit, BÄB 5, Berlin 2014

I. Kottsieper, El, in: Das Wissenschaftliche Bibellexikon im Internet (www.wibilex.de), 2013

R. Krauss, Beiträge zum (Klippschliefer, rock badger, daman) in der Wissenschaftsgeschichte vom 17. Jahrhundert bis heute, in: BN 169, 2016, 111-128

M. Krebernik, H.W. Fischer-Elfert, Zu den Buchstabennamen auf dem Halaḥam-Ostrakon aus TT 99 (Grab des Sennefri), in: ZÄS 143, 2016, 169-176

G. van der Leeuw, Phänomenologie der Religion, Tübingen 1956

J. Leibovitch, Recent Discoveries and Developments in Protosinaitic, in: ASAE 40, 1940, 101-122

A. Lemaire, The Kuntillet Ajrud Inscriptions Forty Years After Their Discovery, in: I. Finkelstein, C. Robin, T. Römer (Hg.), Alphabets, Texts and Artifacts in the Ancient near East, Paris 2016, 196-208

M. Leuenberger, YHWH's Provenance from the South. A New Evaluation of the Arguments pro and contra, in: J. van Oorschot, M. Witte (Hg.), The Origins of Yahwism (BZAW 484), Berlin 2017, 157-179

M. Mayrhöfer, Über die Verschriftung des Altpersischen, in: HS 102, 1989, 174-186

Z. Meshel, Kuntillet Ajrud (Horvat Teman): An Iron Age II Religious Site on the Judah Sinai Border, Jerusalem 2012

A. Millard, The Ugaritic and the Canaanite Alphabets. Some Notes, in: UF 11, 1979, 613-616

L. Morenz, Gottesunmittelbarkeit und ein skandalöses Suffixpronomen - Zum 13. Kapitel des Schiffbrüchigen, in: GM 141, 1994, 77-80

L. Morenz, Der Türkis und seine Herrin. Die Schöpfung einer besonderen Expeditionsreligion im Mittleren Reich, in: SAK 38, 2009, 195-209

L. Morenz, Die Genese der Alphabetschrift. Ein Markstein ägyptisch-kanaanäischer Kulturkontakte, Kulturgeschichtliche Beiträge zur Ägyptologie 3, Würzburg 2011

L. Morenz, Das Hochplateau von Serabit el-Chadim. Landschaftsarchäologie und Kulturpoetik, StuSi 1, Berlin 2014

L. Morenz, Pseudo-Alphabetschrift (*anra*-Gruppe) und symbolische Zeichen (*nefer*-Gruppe). Zur Zeichenphilosophie auf levantinischen Skarabäen der Mittelbronzezeit, in: S. Konert, L. Morenz, S. Weil, Skarabäen des späten Mittleren Reichs und der Hyksoszeit, 2014, 32-41

L. Morenz, Zur Poetik des Schiffbrüchigen. Versuch einer Annäherung, in: H. Amstutz et alii (Hrsg.), Fuzzy Boundaries, FS Loprieno, Hamburg 2015, 389-405

L. Morenz, Sinai und Alphabetschrift, Die frühesten alphabetischen Inschriften und ihr kanaanäisch-ägyptischer Entstehungshorizont im Zweiten Jahrtausend v. Chr., StuSi 3, Berlin 2019

L. Morenz, Performative Superglyphen als eine graphisch inszenierte Göttersprache, HABOS 3, Berlin 2019

L. Morenz, Ein Trigger für „unsere" Alphabetschrift, Themenhefte aus dem Ägyptischen Museum Bonn 3, Berlin 2019

L. Morenz, Göbeklis Götter. Die globalgeschichtlich erste HerausBildung von restringierter Semographie zur Präzisierung neuartiger sakraler Bildlichkeit im 10./9. Jahrtausend, StuEu 3, Berlin 2021

L. Morenz, Medienarchäologische Sondagen zum Ursprung „unseres" Alphabets vor 4000 Jahren. Auf den Spuren des sinaitischen „He-

Stammes“, der levantinischen Kanaanäer und der Ägypter im SW-Sinai des Mittleren Reichs, StuSi 4, Berlin 2021

L. Morenz, VerLautungen von Macht. Entwicklungen von SchriftBildlichkeit und BildSchriftlichkeit im Niltal des Vierten und frühen Dritten Jahrtausends v. Chr., THOT 2, Berlin 2021

L. Morenz, Anchtifi von Hefat: Manns-Kerl und Messias?, BÄB 12, Berlin 2022

L. Morenz, Kultur-Poetik in der Mittelbronzezeit, StuSi 5, Berlin 2022

L. Morenz, Carmina figurata, Essay, i. V.

L. Morenz, Ikonizität der Buchstaben, Essay, i. V.

L. Morenz, Evolution of simplicity and conspicious communication, Buch, i.V.

S. Morenz, Wortspiele im Alten Ägypten, in: FS Jahn, Leipzig 1957, 23-32

S. Morenz, Die Heraufkunft des transzendenten Gottes in Ägypten, SBSAW, Berlin 1964

U. Neumann-Gorsolke, Wer ist der Herr der Tiere?. Eine hermeneutische Problemanzeige (BThSt 85), Neukirchen-Vluyn 2012

H. Niehr, Der höchste Gott. Alttestamentlicher JHWH-Glaube im Kontext syrisch-kanaanäischer Religion des 1. Jahrtausends v. Chr. (BZAW 190), Berlin, New York 1990

H. Niehr, Aramäischer Aḥiqar (JSHRZ.NF 2/2), Gütersloh 2007

J. Omlin, Amenemhet I. und Sesostris I. Die Begründer der XII. Dynastie, Diss. Heidelberg 1962

W.M. Flinders Petrie, Researches in Sinai, London 1906

G. Pettinato, H. Waetzold, Dagan in Ebla und Mesopotamien nach den Texten aus dem 3. Jahrtausend, in: Orientalia 54, 1985, 234-256

K. Popper, Über den Zusammenprall von Kulturen, in: ders., Auf der Suche nach einer besseren Welt, Frankfurt/M. 1987

G. Posener, Le mot égyptien pour désigner le ‘nom magique’, in: RdE 16, 1964, 213-214

A.F. Rainey, Notes on some Proto-Sinaitic Inscriptions, in: IEJ 25, 1975, 106-116

F. Richards, The Anra Scarab. An Archaeological and Historical Approach, BAR I.S. 919, Oxford 2001

D. Sabel, Wüstenschiffe, Masterarbeit, Bonn 2016

D. Sabel, Das Alef, in: L. Morenz, Sinai und Alphabetschrift, Berlin 2019, 231-238

M. Sandman-Holmberg, The God Ptah, Lund 1946

B. Sass, The Genesis of the Alphabet and its Development in the Second Millenium B.C., ÄAT 13, Wiesbaden 1988

B. Sass, The Genesis of the Alphabet and its Development in the Second Millennium Twenty Years Later, in: KBN 2, 2004/5, 147-166

W. Schenkel, Amun-Re. Eine Sondierung zu Struktur und Genese altägyptischer synkretistischer Götter, in: SAK 1, 1974, 275-288

T. Schneider, Asiatische Personennamen in ägyptischen Quellen des Neuen Reiches, OBO 114, Freiburg und Göttingen 1992

G. Selz, Who is a God? A Note on the Evolution of Divine Classifiers, in: P. Corò et alii (eds.), Libiamo ne' lieti calici, FS Milano, AOAT 436, Münster 2016, 605-614

K. Sethe, Die wissenschaftliche Bedeutung der Petrie'schen Sinaifunde und die angeblichen Moseszeugnisse, in: ZDMG 80, 1926, 24-54

K. Sethe, Der Ursprung des Alphabets. Die neuentdeckte Sinaischrift. Zwei Abhandlungen zur Entstehungsgeschichte unserer Schrift, Aus den „Nachrichten von der Gesellschaft der Wissenschaften zu Göttingen 1916/1917“ neu abgedruckt, Berlin 1926

A. Schwab, Fremde Religionen in Herodots „Historien“, Stuttgart 2020

P. Tallet, La zone minière pharaonique du Sud-Sinaï I. Catalogue complémentaire des inscriptions du Sinaï, MIFAO 130, Kairo 2013

S. Thuault, L'iconicité des hiéroglyphes égyptiens: La question de la mutilation, in: ZÄS 147, 2020, 106-114

C. Uehlinger, Learning by Doing - distinguishing different hands at work in the drawings and paintings of Kuntillet Ajrud, in I. Finkelstein, C. Robin, T. Römer (Hg.), Alphabets, texts and artifacts in the Ancient Near East: Studies presented to Benjamin Sass, Paris 2016, 489-511

H. te Velde, Ptah, in: LÄ IV, 1982, 1177-1188

P. Vernus, Ecriture hiéroglyphique égyptienne et écriture protosinaïtique. Une typologie comparée, in: C. Rico, C. Attucci (Hg.), Origins of the Alphabet. Proceedings of the First Polis Institute Interdisciplinary Conference, Cambridge 2015, 142-175

H. und M. Weippert, Die „Bileam“-Inschrift von Tell Der ’Alla, in: ZDPV 98, 1982, 77-103

A. Zivie, The Lost Tombs of Saqqara, Kairo 2007

A. Zivie, Pharao’s Man [c]Abdiel. The Vizier with the Semitic Name, in: Biblical Archaeology Review 44, July/August 2018, 22-31

Außerdem im Verlag erschienen:

Reihe: Hans-Bonnet-Studien zur Ägyptischen Religion

Herausgegeben von Ludwig D. Morenz

Ludwig D. Morenz
Bd. 2: Hoffen und Handeln
Vom altägyptischen *Heka*
198 S., Broschur
ISBN 978-3-86893-214-0

Ludwig D. Morenz
Bd. 3: Performative Superglyphen als eine graphisch inszenierte Göttersprache: Solare Patäken mit dem machtgeladenen Namen des Sonnengottes
133 S., Broschur
ISBN 978-3-86893-314-7

Ludwig D. Morenz
Bd. 4: Multikulturelle Magie und ihr alt-neuer Gott. Zur antiken Hybridgestalt des alectorocephalen Anguipeden
112 S., Broschur
ISBN 978-3-86893-319-2

Heinrich Balz
Bd. 6: Afrika und Ägypten
Zwischen Cheikh Anta Diop und Jan Assmann – Die Schwierigkeiten einer Begegnung
Mit einem Beitrag von Martin Fitzenreiter
Erzählung und Erinnerung.
Zur Polyphonie von Aneignung
133 S., Broschur
ISBN 978-3-86893-392-5

Reihe: Studia Euphratica

Herausgegeben von Harald Hauptmann†, Ludwig D. Morenz und Klaus Schmidt†

Ludwig D. Morenz
Bd. 1: Medienevolution und die Gewinnung neuer Denkräume
Das frühneolithische Zeichensystem (10./9. Jt. v.Chr.) und seine Folgen
281 S., Hardcover
ISBN 978-3-86893-105-1

Ludwig D. Morenz, Beryl Büma
Bd. 2: Gesichts-Fragen
Bildanthropologische Blicke
Europäisches Paläolithikum
Vorderasiatisches Neolithikum
Bronzezeitliches Ägypten
187 S., Hardcover
ISBN 978-3-86893-230-0

Ludwig D. Morenz
Bd. 3: Göbeklis Götter
Die globalgeschichtlich erste HerausBildung von restringierter Semographie zur Präzisierung neuartiger sakraler Bildlichkeit im 10./9. Jahrtausend
73 S., Hardcover
ISBN 978-3-86893-380-2

Reihe: Bonner Ägyptologische Beiträge

Die Bonner Ägyptologischen Beiträge (BÄB) werden herausgegeben von den Mitarbeiterinnen und Mitarbeitern der Abteilung für Ägyptologie an der Universität Bonn. Zu Beiträgen laden wir herzlich ein

Ludwig D. Morenz
Bd. 1: Zählen – Vorstellen – Darstellen
Eine Archäologie der altägyptischen Zahlen
147 S., Broschur, ISBN 978-3-86893-121-1

Violaine Chauvet
Bd. 2: Crafting Elite Identity in the Old Kingdom.
The *Imakh*-Status in Private Tombs
ca. 150 S., Broschur
ISBN 978-3-86893-313-0

Ludwig D. Morenz
Bd. 3: Kleine Archäologie des ägyptischen Humors
Ein kulturgeschichtlicher Testschnitt
250 S., Broschur, 2. Auflage
ISBN 978-3-86893-124-2

Martin Fitzenreiter
Bd. 4: Original und Fälschung im Ägyptischen Museum der Universität Bonn
Mit Beiträgen von Sarah Konert, Robert Kuhn, Uta Siffert und Sabrina Weil
236 S., Broschur, ISBN 978-3-86893-155-6

Sarah Konert, Ludwig D. Morenz, Sabrina Weil
Bd. 5: Skarabäen des späten Mittleren Reiches und der Hyksoszeit Käferamulette aus der Sammlung Müller-Feldmann
124 S., Broschur, ISBN 978-3-86893-156-3

Ludwig D. Morenz
Bd. 6: Der *Erinnerer* – ein bedrohlicher altägyptischer Dämon und die existentielle Furcht vor dem Totengericht
124 S., Broschur, ISBN 978-3-86893-161-7

Uta Siffert
Bd. 7: Ein Eingeweidekasten aus der Sammlung Preuß im Ägyptischen Museum der Universität Bonn
Mit 30 farbigen Abbildungen
232 S., Broschur, ISBN 978-3-86893-188-4

Kirsten Konrad (Hg.)
Bd. 8: Macht, Weisheit und Unsterblichkeit
Motive der westeuropäischen Ägyptenrezeption des 19. und 20. Jahrhunderts
158 S., Broschur, ISBN 978-3-86893-188-4

Ludwig D. Morenz
Bd. 9: Trauma und Therapie?
Die Schöpfung der *schönen Literatur* als eine kulturpoetische Bewältigung des Königsmordes an Amenemhet I.?
114 S., Broschur, ISBN 978-3-86893-326-0

Martin Fitzenreiter
Bd. 10: Technologie und / als / eine Kulturwissenschaft
Gedanken zu einer Archäologie von Dingen und Menschen erläutert und mit Beispielen versehen anhand der Funde des Bronzegusskonvolutes von der Qubbet el-Hawa (Ägypten)
474 S., Broschur, ISBN 978-3-86893-340-6

Elena Mahlich
Bd. 11: Der Kanalbau unter Dareios I. Ein achämenidisches Bauprojekt in Ägypten
275 S., Broschur, ISBN 978-3-86893-341-3

Elena Mahlich
Bd. 12: Anchtifi von Hefat: Manns-Kerl und Messias?
151 S., Broschur, ISBN 978-3-86893-406-9

Reihe: Studia Sinaitica

Herausgegeben von
Ludwig D. Morenz

Ludwig D. Morenz
Bd. 1: Das Hochplateau von
Serabit el-Chadim
Landschaftsarchäologie und Kulturpoetik
220 S. Hardcover, ISBN 978-3-86893-119-8

Ludwig D. Morenz
Bd. 2: Menschen und Götter,
Buchstaben und Bilder
Die frühen altkanaanäischen Schriftzeugnisse im Südwest-Sinai (2. Jt. v. Chr.)
211 S., Hardcover, ISBN 978-3-86893-145-7

Ludwig D. Morenz
Bd. 3: Sinai und Alphabetschrift
Die frühesten alphabetischen Inschriften und ihr kanaanäisch-ägyptischer Entstehungshorizont im Zweiten Jahrtausend v. Chr.
Mit Beiträgen von David Sabel
414 S., Hardcover, ISBN 978-3-86893-252-2

Ludwig D. Morenz
Bd. 4: Medienarchäologische Sondagen zum Ursprung „unseres“ Alphabets vor 4000 Jahren
Auf den Spuren des sinaitischen „He-Stammes“, der levantinischen Kanaanäer und der Ägypter im SW-Sinai des Mittleren Reiches
113 S., Hardcover, ISBN 978-3-86893-372-7

Ludwig D. Morenz
Bd. 5: Kultur-Poetik in der Mittelbronzezeit
Aspekte der frühesten Alphabetschrift im kulturellen Schnittfeld Ägypter-Kanaanäer
Mit einem Essay von Stefan J. Wimmer
142 S., Hardcover, ISBN 978-3-86893-417-5

Reihe: Themenhefte aus dem Ägyptischen Museum Bonn

Herausgegeben von
Andreas Dorn und Ludwig D. Morenz

Ludwig D. Morenz und David Sabel
Bd. 1: Auf dem Weg nach
Serabit el Chadim –
Der Rastplatz von Rod el Air
als Kulturmagnet
58 S., Broschur, farbig illustriert
ISBN 978-3-86893-206-5

Ludwig D. Morenz
Bd. 2: Transmediterrane Kulturkontakte in der Römerzeit
Von Altägyptischem in der römischen Tempelwelt und Griechisch-Römischem in der ägyptischen Tempelwelt
104 S., Broschur, farbig illustriert
ISBN 978-3-86893-243-0

Ludwig D. Morenz
Bd. 3: Ein Trigger für „unsere“ Alphabetschrift
Die kanaanäisch-ägyptischen Göttergleichungen El-Ptah und Bacalat-Hathor
86 S., Broschur, farbig illustriert
ISBN 978-3-86893-301-7

Ludwig D. Morenz
Bd. 4: Römisches Kaisertum in ägyptischem Gewand
Vom *Pharao-fashioning* der Imperatoren Augustus, Domitian und Hadrian
74 S., Broschur, farbig illustriert
ISBN 978-3-86893-323-9

Ludwig D. Morenz
Bd. 5: Wo bleibt Mut?
Mehrschichtige Heilshoffnung im Zusammenspiel von *Rauhem* und *Glattem* auf der Bonner Kalksteintafel BoSAe 2113
112 S., Broschur, farbig illustriert
ISBN 978-3-86893-426-7

Reihe: Thot. Beiträge zur historischen Epistemologie und Medienarchäologie

Herausgegeben von Ludwig D. Morenz

Ludwig D. Morenz
Bd. 1: Schriftentwicklung im Kulturkontakt
Das erste Jahrtausend der Alphabetschrift
244 S., Hardcover,
ISBN 978-3-86893-087-0

Ludwig D. Morenz
Bd. 2: VerLautungen von Macht
Entwicklung von Schrift-Bildlichkeit und Bild-Schriftlichkeit im Niltal des Vierten und frühen Dritten Jahrtausends v. Chr.
220 S., Hardcover,
ISBN 978-3-86893-347-5

Ludwig D. Morenz, Andréas Stauder, Beryl Büma (Hrsg.)
Bd. 3: Wege zur frühen Schrift: Niltal und Zweistromland
421 S., Hardcover,
ISBN 978-3-86893-095-5

Ludwig D. Morenz
Bd. 4: Kultur- und mediengeschichtliche Essays zu einer Archäologie der Schrift
Von den frühneolithischen Zeichensystemen bis zu den frühen Schriftsystemen in Ägypten und dem Vorderen Orient
406 S., Hardcover,
ISBN 978-3-86893-096-2

Ludwig D. Morenz,
Bd. 5: Vom Kennen und Können
Zur Mentalitäts- und Mediengeschichte des Mittleren Reiches im Horizont von Abydos
222 S., Hardcover
ISBN 978-3-86893-312-3

Ludwig D. Morenz,
Bd. 6: Supplementärer Sinnüberschuß zur Ausweitung von Decorum
Ludologische Fallstudien im Ägyptischen Museum Kairo
142 S., Hardcover
ISBN 978-3-86893-339-0

Reihe: KATARAKT. Assuaner Archäologische Arbeitspapiere

Herausgegeben von
Ludwig D. Morenz, Beryl Büma,
Frank Förster, David Sabel

Ludwig D. Morenz, Abdelmonem Said,
Mohamed Abdelhay
Bd. 1: Binnenkolonisation am Beginn des ägyptischen Staates
Eine Fallstudie zur Domäne des Königs SKORPION im späten Vierten Jahrtausend v. Chr.
188 S., Broschur, farbig illustriert
Deutsch/Arabisch
ISBN 978-3-86893-357-4

Ludwig D. Morenz
Bd. 2: Nil-Fragen im Blick auf die Flußinseln Elephantine und Sehel
Von alten mytho-poetischen Sinnzuschreibungen an die Assuaner Kataraktlandschaft bis hin zu einer *erfundenen Tradition*
107 S., Broschur, farbig illustriert
ISBN 978-3-86893-364-2

EBVERLAG DR. BRANDT WWW·EBVERLAG·DE

Rainer Kuhl
Jägerstraße 47
13595 Berlin

Tel.: 030 | 68977233
Fax: 030 | 91607774
E-Mail: post@ebverlag.de